2016年版
中検4級試験問題

[第86・87・88回]
解答と解説

一般財団法人
日本中国語検定協会 編

白帝社

まえがき

　私たちの協会はこれまで各回の試験が終わるごとに級別に試験問題の「解答解説」を発行し，また年度ごとに3回の試験問題と解答解説を合訂した「年度版」を公表してきました。これらは検定試験受験者だけでなく，広く中国語学習者や中国語教育に携わる先生方からも，大きな歓迎を受けてきましたが，ただ主として予約による直接購入制であったため，入手しにくいので一般の書店でも購入できるようにしてほしいという声が多く受験者や学習者から寄せられていました。

　その要望に応えるため，各回版と年度版のうち，「年度版」の発行を 2013 年度実施分より中国語テキストや参考書の発行に長い歴史と実績を有する白帝社に委ねることにしました。「各回版」の方は速報性が求められ，試験終了後直ちに発行しなければならないという制約を有するため，なお当面はこれまでどおり協会が発行し，直接取り扱うこととします。

　本書の内容は，回ごとに出題委員会が作成する解答と解説に準じていますが，各回版刊行後に気づいた不備や，回ごとの解説の粗密や記述体裁の不統一を調整するとともに，問題ごとに出題のねらいや正解を導くための手順を詳しく示すなど，より学習しやすいものになるよう配慮しました。

　本書を丹念に読むことによって，自らの中国語学習における不十分なところを発見し，新しい学習方向を定めるのに役立つものと信じています。中国語学習者のみなさんが，受験準備のためだけでなく，自らの学力を確認するための目安として本書を有効に活用し，学習効果の向上を図られることを願っています。

2016 年 5 月
一般財団法人　日本中国検定協会

本書について

　本書は，日本中国語検定協会が 2015 年度に実施した第 86 回（2015 年 6 月），第 87 回（2015 年 11 月），第 88 回（2016 年 3 月）中国語検定試験の問題とそれに対する解答と解説を，実施回ごとに分けて収め，リスニング問題の音声を付属 CD-ROM に収録したものです。

問　題

・試験会場で配布される状態のものに，付属 CD-ROM にある音声のトラック番号を ⓪③ のように加えています。ただし，会場での受験上の注意を収録した各回のトラック 01，02，43 は記していません。

解答と解説

・問題の最初に，出題のポイントや正解を導くための手順を簡潔に示しています。
・4 択式の解答は白抜き数字❶❷❸❹で，記述式の解答は太字で示しています。解説は問題ごとに　　　内に示しています。
・長文問題の右側の数字は，5 行ごとの行数を示しています。
・リスニングの長文聴解や，筆記の長文読解の文章中の解答部分，あるいは解答を導く手掛かりとなる箇所には破線　　　のアンダーラインを施しています。
・準 4 級・4 級・3 級の問題文と選択肢の文すべて（一部誤答は除く）にピンインと日本語訳例を付し，リスニング問題にはピンインと漢字表記および日本語訳を付けています。
・ピンイン表記は原則として《现代汉语词典 第 6 版》に従っていますが，"不""一"の声調は変調したものを示しています。
　"没有"は動詞は méiyǒu，副詞は méiyou のように表記しています。
　軽声と非軽声の 2 通りの発音がある場合は，原則として軽声の方を採用しています。例．"打算 dǎ·suàn"は dǎsuan，"父亲 fù·qīn"は fùqin，"因为 yīn·wèi"は yīnwei。
　方向補語は次の例のように表記しています。

動詞"起"が方向補語"来"を伴う場合の可能・不可能形："来"は非軽声。

 起来 qǐlai ⇨ 起得来 qǐdelái 起不来 qǐbulái

 （起き上がる）   （起き上がれる） （起き上がれない）

動詞"赶"が方向補語"上"を伴う場合の可能・不可能形："来"は非軽声。

 赶上 gǎnshang ⇨ 赶得上 gǎndeshàng 赶不上 gǎnbushàng

 （追いつく）   （追いつける） （追いつけない）

複合方向補語"起来"を伴う動詞"拿"の可能・不可能形："起来"は非軽声。

 拿起来 náqilai ⇨ 拿得起来 nádeqǐlái 拿不起来 nábuqǐlái

 （手に取る）   （手に取れる） （手に取れない）

複合方向補語"起来"の"起"と"来"の間に目的語が置かれる場合："起"は非軽声，"来"は軽声。

 拿起书来 náqǐ shū lai ⇨ 拿得起书来 nádeqǐ shū lai

 （本を手に取る）   （本を手に取れる）

         拿不起书来 nábuqǐ shū lai

         （本を手に取れない）

"上来、上去、下来、下去、出来、出去"等はすべて上の例にならう。

・品詞名，術語の略称は次のとおりです。

名	名詞	動	動詞	形	形容詞
代	代詞	量	量詞（助数詞）	助動	助動詞
副	副詞	介	介詞（前置詞）	接	接続詞
助	助詞				
擬	擬声語	慣	慣用句	諺	ことわざ

中国語の"状语"は状況語（連用修飾語），"定语"は限定語（連体修飾語）としています。

・音声のトラック番号は，03 のように示し，繰り返しのものを割愛しています。

解答用紙見本

・巻末にマークシート式の解答用紙の見本（70％縮小）があります。記入欄を間違えないように，解答欄の並び方を確認しましょう。

付属 CD-ROM

・リスニング問題の音声が収録されています。会場での受験上の説明を収めた各回のトラック 01，02，43 も収録されていますが，本書の「問題」部分にはトラック番号を記していません。
・音声は MP3 形式で収録しており，パソコンで再生します。
・デジタルオーディオプレーヤーやスマートフォンに転送して再生することもできます。各機器とソフトに関する技術的なご質問は，各メーカーにお願いいたします。
・CD プレーヤー（MP3 形式に対応するものを含む）をご利用の場合は，CD に収録したものにお取り替えしますので，付属 CD-ROM を下記までお送りください。折り返し CD をお送りします。

〒171-0014　東京都豊島区池袋 2-65-1

白帝社　中検 CD 交換係

目　次

第 86 回（2015 年 6 月）
　問　題
　　リスニング……………………………………………………………2
　　筆　記…………………………………………………………………6
　解答と解説
　　リスニング……………………………………………………………12
　　筆　記…………………………………………………………………23

第 87 回（2015 年 11 月）
　問　題
　　リスニング……………………………………………………………36
　　筆　記…………………………………………………………………40
　解答と解説
　　リスニング……………………………………………………………46
　　筆　記…………………………………………………………………57

第 88 回（2016 年 3 月）
　問　題
　　リスニング……………………………………………………………70
　　筆　記…………………………………………………………………74
　解答と解説
　　リスニング……………………………………………………………80
　　筆　記…………………………………………………………………91

●補充練習帳──────────────────────────
　　2 音節語の声調の組み合わせ………………………………………104
　　名詞と量詞の組み合わせ……………………………………………106
　　日文中訳問題ワンポイント・アドバイス…………………………112

中国語検定試験について…………………………………………………115
試験結果データ……………………………………………………………119

解答用紙見本

第86回
(2015年6月)

問題
リスニング 2
筆記 6
　　解答時間：計100分
　　配点：リスニング100点，筆記100点

解答と解説
リスニング 12
筆記 23

리스닝 (⇨解答と解説12頁)

1 (1)～(10)の中国語の問いを聞き，答えとして最も適当なものを，それぞれ①～④の中から1つ選び，その番号を解答欄にマークしなさい。 (50点)

(1)

① ② ③ ④

(2)

① ② ③ ④

(3)

① ② ③ ④

(4)

① ② ③ ④

(5)

① ② ③ ④

09 (6) ① ② ③ ④

10 (7) ① ② ③ ④

11 (8) ① ② ③ ④

12 (9) ① ② ③ ④

13 (10) ① ② ③ ④

第86回 問題〔リスニング〕

3

2 中国語を聞き，(1)～(10)の問いの答えとして最も適当なものを，それぞれ①～④の中から1つ選び，その番号を解答欄にマークしなさい。　　　　　　(50点)

メモ欄

(1)～(5)の問いは音声のみで，文字の印刷はありません。

(1)　① ② ③ ④

(2)　① ② ③ ④

(3)　① ② ③ ④

(4)　① ② ③ ④

(5)　① ② ③ ④

| メモ欄 |

第86回 問題 〔リスニング〕

(6) 小张的爱好是什么?
　① 　② 　③ 　④

(7) 电影几点开始?
　① 　② 　③ 　④

(8) 他们看电影在哪儿集合?
　① 　② 　③ 　④

(9) 小刘来电话说什么了?
　① 　② 　③ 　④

(10) 小刘为什么说"对不起"?
　① 　② 　③ 　④

筆 記 （⇨解答と解説23頁）

1 1. (1)～(5)の中国語で声調の組み合わせが<u>他と異なるもの</u>を，それぞれ①～④の中から1つ選び，その番号を解答欄にマークしなさい。　　　　　　　　　　（10点）

(1)　　　① 发音　　② 英语　　③ 中心　　④ 飞机

(2)　　　① 成绩　　② 感谢　　③ 考试　　④ 好像

(3)　　　① 自然　　② 大学　　③ 社会　　④ 外国

(4)　　　① 容易　　② 商店　　③ 杂志　　④ 文化

(5)　　　① 生活　　② 要求　　③ 欢迎　　④ 高兴

2. (6)～(10)の中国語の正しいピンイン表記を，それぞれ①～④の中から1つ選び，その番号を解答欄にマークしなさい。　　　　　　　　　　（10点）

(6) 星期　　① xīnqī　　② xīnjī　　③ xīngqī　　④ xīngjī

(7) 练习　　① liànxí　　② liánsì　　③ lànxí　　④ lánsì

(8) 快餐　　① guàizān　　② kuàicān　　③ guàicān　　④ kuàizān

(9) 方便　　① fāngpián　　② fānbiàn　　③ fānpián　　④ fāngbiàn

(10) 公司　　① kōngsī　　② gōngsī　　③ kōngsū　　④ gōngsū

6

2

(1)～(10)の中国語の空欄を埋めるのに最も適当なものを，それぞれ①～④の中から1つ選び，その番号を解答欄にマークしなさい。　　　　　　　(20点)

(1) 昨天晚上我喝（　　　）一瓶啤酒。
　① 着　　　② 地　　　③ 了　　　④ 的

(2) 我家（　　　）车站不远。
　① 从　　　② 离　　　③ 在　　　④ 向

(3) 我想买一（　　　）裤子。
　① 条　　　② 枚　　　③ 张　　　④ 件

(4) 我（　　　）没做完作业呢。
　① 就　　　② 再　　　③ 更　　　④ 还

(5) 你的书包是在哪儿买（　　　）？
　① 的　　　② 了　　　③ 过　　　④ 吧

(6) 我们在这儿休息（　　　）吧。
　① 一点儿　② 一下　　③ 有点儿　④ 一些

(7) 她喜欢喝（　　　）茶？
　① 什么　　② 怎么　　③ 多么　　④ 多少

(8) 你（　　　）老师批评过吗？
　① 得　　　② 比　　　③ 跟　　　④ 被

(9) 我（　　　）听懂你说的话。
　① 没　　　② 再　　　③ 不　　　④ 别

(10) 我（　　　）用一下你的词典吗？
　① 希望　　② 应该　　③ 打算　　④ 可以

3 1. (1)～(5)の日本語の意味に合う中国語を，それぞれ①～④の中から1つ選び，その番号を解答欄にマークしなさい。　　　　　　　　　　　　　　　　(10点)

(1) わたしは上海で一度地下鉄に乗ったことがあります。
   ① 我坐过一次地铁在上海。
   ② 我在上海一次坐过地铁。
   ③ 我在上海地铁坐过一次。
   ④ 我在上海坐过一次地铁。

(2) わたしはスキーがあなたほど上手ではありません。
   ① 我滑雪滑得没有你那么好。
   ② 我滑雪滑得没有那么你好。
   ③ 我滑雪那么没有你滑得好。
   ④ 我滑雪你没有滑得那么好。

(3) もうすぐ国慶節です。
   ① 到快要国庆节了。
   ② 快要到了国庆节。
   ③ 快要到国庆节了。
   ④ 快要国庆节到了。

(4) 兄は体育館に卓球をしに行きました。
   ① 我哥哥体育馆去打了乒乓球。
   ② 我哥哥去体育馆打乒乓球了。
   ③ 我哥哥打乒乓球体育馆去了。
   ④ 我哥哥去打乒乓球体育馆了。

(5) 彼女はわたしに誕生日プレゼントをくれました。
   ① 她送给生日礼物我了。
   ② 她生日礼物我送给了。
   ③ 她送给我生日礼物了。
   ④ 她送给生日礼物我了。

2. (6)〜(10)の日本語の意味になるように，それぞれ①〜④を並べ替えたとき，[ ]内に入るものはどれか，その番号を解答欄にマークしなさい。　　　　　　(10点)

(6) レポートはまだ書き終わっていません。

報告_____ _____ _____ [_____]。

① 完　　　　② 写　　　　③ 没　　　　④ 还

(7) あなたは9時に帰って来ることができますか。

你_____ _____ [_____] _____吗?

① 九点　　　② 回　　　　③ 来　　　　④ 得

(8) 彼女は赤いセーターを着ています。

她_____ _____ [_____] _____。

① 着　　　　② 红毛衣　　③ 一件　　　④ 穿

(9) 彼は毎日2時間テレビを見ます。

他_____ _____ [_____] _____。

① 电视　　　② 两个小时　③ 看　　　　④ 每天

(10) きょうの気温はきのうより3度高い。

今天的气温_____ _____ [_____] _____。

① 高　　　　② 昨天　　　③ 三度　　　④ 比

4 次の文章を読み，(1)～(6)の問いの答えとして最も適当なものを，それぞれ①～④の中から1つ選び，その番号を解答欄にマークしなさい。
(20点)

　　我以前身体很弱，经常感冒。上高中以后，学校要求学生必须参加一项体育活动。为了锻炼身体，我就参加了长跑队。我每天都 (1) 长跑队的同学们一起跑步。一年以后，我的身体渐渐好起来了，也不感冒了。我现在很喜欢长跑运动。
　　跑步 (2) 我的身体越来越健康了，更重要的是增强了我的自信心。记得有一次长跑比赛，我跑得很累，脚也疼了，不 (3) 跑下去了。这时候，同学们大声对我说："加油！加油！坚持就是胜利。"听到这么多同学为我加油，我很感动，下决心要坚持跑下去。最后，我跑到了终点。虽然是最后一名，但是我觉得 (4) 坚持跑到终点，我就是胜利者。
　　通过这次比赛，我明白了一个道理：做什么事情都要坚持到底，(5)跟长跑比赛一样，坚持就是胜利。

(1) 空欄(1)を埋めるのに適当なものは，次のどれか。
　① 到　　　② 和　　　③ 对　　　④ 从

(2) 空欄(2)を埋めるのに適当なものは，次のどれか。
　① 给　　　② 得　　　③ 被　　　④ 让

(3) 空欄(3)を埋めるのに適当なものは，次のどれか。
　① 会　　　② 行　　　③ 想　　　④ 用

(4) 空欄(4)を埋めるのに適当なものは，次のどれか。
　① 能　　　② 得　　　③ 应该　　　④ 打算

(5) 下線部(5)の意味として適当なものは，次のどれか。
　① 長距離競走は他のスポーツと同じように，必ず一番で勝利できるのだ。
　② 長距離競走で一番になれば，他のことでも勝利することにつながるのだ。
　③ 長距離競走と同じように，体力があればきっと勝利するのだ。
　④ 長距離競走と同じように，やり抜くことこそが勝利につながるのだ。

(6) 本文の内容と一致するものは，次のどれか。

① 我参加长跑队以后经常感冒。
② 长跑比赛我得了第一名。
③ 跑步给了我健康和信心。
④ 我小时候就喜欢长跑。

5 (1)～(5)の日本語を中国語に訳し，漢字（簡体字）で解答欄に書きなさい。
（漢字は崩したり略したりせずに書き，文中・文末には句読点や疑問符をつけること。）

(20点)

(1) お尋ねします，トイレはどこでしょうか。

(2) あなたは中国の小説を読んだことがありますか。

(3) わたしたちは金曜日に中国語の授業があります。

(4) わたしは毎日食堂で昼ごはんを食べます。

(5) 彼はきのうアルバイトに行きませんでした。

リスニング

1

解答：(1) ❷　(2) ❸　(3) ❷　(4) ❶　(5) ❶　(6) ❹　(7) ❸　(8) ❶　(9) ❷　(10) ❹

一問一答：日常会話のなかでよく使われる問いの文に対して正確に答えることができるかどうかが問われています。
(5点×10)

04 (1) 問：你家有几口人？
　　　　Nǐ jiā yǒu jǐ kǒu rén?

　　　　　　　　　　　　　　　　お宅は何人家族ですか。

答：① 他家有五口人。
　　　Tā jiā yǒu wǔ kǒu rén.
　　　　　　　　　　　　　　　　彼の家は5人家族です。

　　❷ 我家有三口人。
　　　Wǒ jiā yǒu sān kǒu rén.
　　　　　　　　　　　　　　　　わたしのところは3人家族です。

　　③ 他有两个哥哥。
　　　Tā yǒu liǎng ge gēge.
　　　　　　　　　　　　　　　　彼は兄が2人います。

　　④ 我爸爸妈妈不在家。
　　　Wǒ bàba māma bú zài jiā.
　　　　　　　　　　　　　　　　わたしの両親は家にいません。

"你家"で問われているので、"我家"を主語として答えている②が正解です。なお、家族の人数を数えるときには"口"を量詞（助数詞）として用います。

05 (2) 問：我下午去看电影，你呢？
　　　　Wǒ xiàwǔ qù kàn diànyǐng, nǐ ne?

　　　　　　　　　　　　　　　　わたしは午後映画を観に行きますが、あなたは？

答：① 这个电影很有意思。
　　　Zhège diànyǐng hěn yǒu yìsi.
　　　　　　　　　　　　　　　　この映画はたいへん面白いです。

　　② 我看了很多电影。
　　　Wǒ kànle hěn duō diànyǐng.
　　　　　　　　　　　　　　　　わたしはたくさん映画を観ました。

　　❸ 我去图书馆看书。
　　　Wǒ qù túshūguǎn kàn shū.
　　　　　　　　　　　　　　　　わたしは図書館に行って本を読みます。

　　④ 上午我有两节课。
　　　Shàngwǔ wǒ yǒu liǎng jié kè.
　　　　　　　　　　　　　　　　午前中にわたしは授業が2時間あります。

質問者が自分の午後の予定を述べた後"你呢?"（あなたは？）と尋ね

ていますから，"我"を主語として答えます。③が正解です。②はすでに行われたことについて述べているので，問いに対応していません。④も"上午"について述べているので，問いの"下午"に対応していません。

06 (3) 問：你每天晚上几点睡觉？　　　　　あなたは毎晩何時に寝ますか。
　　　　Nǐ měi tiān wǎnshang jǐ diǎn shuìjiào?

　　答：① 我昨天晚上没有睡觉。Wǒ zuótiān　わたしは昨晩は寝ていません。
　　　　　wǎnshang méiyou shuìjiào.

　　　　❷ 我十一点左右睡觉。　　　　　　わたしは11時頃に寝ます。
　　　　　Wǒ shíyī diǎn zuǒyòu shuìjiào.

　　　　③ 我每天中午都睡觉。　　　　　　わたしは毎日昼寝をします。
　　　　　Wǒ měi tiān zhōngwǔ dōu shuìjiào.

　　　　④ 我每天睡八个小时。　　　　　　わたしは毎日8時間寝ます。
　　　　　Wǒ měi tiān shuì bā ge xiǎoshí.

「何時に」と尋ねていますから，「11時頃」と答えている②が正解です。①は"昨天"について，③は"每天中午"について，④は睡眠時間の長さについて答えているので，いずれもふさわしくありません。

07 (4) 問：你爸爸在哪儿工作？　　　　　　お父さんはどちらにお勤めですか。
　　　　Nǐ bàba zài nǎr gōngzuò?

　　答：❶ 我爸爸在银行工作。　　　　　　父は銀行に勤めています。
　　　　　Wǒ bàba zài yínháng gōngzuò.

　　　　② 我爸爸在餐厅吃饭。　　　　　　父はレストランで食事をします。
　　　　　Wǒ bàba zài cāntīng chī fàn.

　　　　③ 我爸爸每天工作很忙。　　　　　父は毎日仕事が忙しいです。
　　　　　Wǒ bàba měi tiān gōngzuò hěn máng.

　　　　④ 我爸爸去上班了。　　　　　　　父は出勤しました。
　　　　　Wǒ bàba qù shàngbān le.

"在哪儿工作？"（どこで仕事をしているか）という質問に正しく答えているのは①だけです。②はここでは関係のない話題について述べていて，"工作"について答えていません。"工作"の状態がどうであるかを述べている③も正しくありません。④も出勤したかどうかを答えているので，適切ではありません。

08 (5) 問：你打网球打得怎么样？
　　　　Nǐ dǎ wǎngqiú dǎde zěnmeyàng?

あなたはテニスの方はどうですか。

　　答：❶ 我网球打得不太好。
　　　　　Wǒ wǎngqiú dǎde bú tài hǎo.

わたしはテニスはあまり上手ではありません。

　　　　② 我每天打一个小时网球。Wǒ měi tiān dǎ yí ge xiǎoshí wǎngqiú.

わたしは毎日1時間テニスをします。

　　　　③ 我们一起去打网球吧。
　　　　　Wǒmen yìqǐ qù dǎ wǎngqiú ba.

一緒にテニスをしに行きましょう。

　　　　④ 我今天不去打网球了。
　　　　　Wǒ jīntiān bú qù dǎ wǎngqiú le.

わたしはきょうテニスに行くのをやめます。

　　　様態補語を含む質問です。"网球"の腕前について尋ねていますから，"打得不太好"と答えている①が正解です。それ以外の選択肢は習慣的動作や本人の意志などが述べられているので，ここでは適切ではありません。

09 (6) 問：请问，这支铅笔多少钱？
　　　　Qǐngwèn, zhè zhī qiānbǐ duōshao qián?

すみません，この鉛筆はいくらですか。

　　答：① 这支铅笔很好看。
　　　　　Zhè zhī qiānbǐ hěn hǎokàn.

この鉛筆はきれいです。

　　　　② 这是我的铅笔。
　　　　　Zhè shì wǒ de qiānbǐ.

これはわたしの鉛筆です。

　　　　③ 二十五米。
　　　　　Èrshiwǔ mǐ.

25メートルです。

　　　　❹ 两块五毛。
　　　　　Liǎng kuài wǔ máo.

2元5角です。

　　　値段を尋ねているので，④が正解です。①と②は鉛筆について説明しているだけで，値段については答えていないので，正しくありません。③も値段ではなく長さについて答えていて，問いに対応していません。

10 (7) 問：你会不会说汉语？
　　　　Nǐ huì bu huì shuō Hànyǔ?

あなたは中国語が話せますか。

答：① 李老师教我们汉语。
　　　Lǐ lǎoshī jiāo wǒmen Hànyǔ.
　　　李先生はわたしたちに中国語を教えています。

　　② 汉语没有英语难。
　　　Hànyǔ méiyǒu Yīngyǔ nán.
　　　中国語は英語ほど難しくありません。

　　❸ 我会说一点儿汉语。
　　　Wǒ huì shuō yìdiǎnr Hànyǔ.
　　　わたしは中国語が少し話せます。

　　④ 请你再等一会儿。
　　　Qǐng nǐ zài děng yíhuìr.
　　　もうしばらくお待ちください。

　　問いの文の主語は"你"ですから，答えの主語は"我"とならなければならないので，③以外は除外されます。また，①②④は問いの"会不会说汉语?"にも対応していないので，いずれも不適切です。

11 (8) 問：你有没有汉语词典？
　　　Nǐ yǒu méi yǒu Hànyǔ cídiǎn?
　　　あなたは中国語の辞書を持っていますか。

答：❶ 有，我有一本汉语词典。
　　　Yǒu, wǒ yǒu yì běn Hànyǔ cídiǎn.
　　　はい，わたしは中国語の辞書を1冊持っています。

　　② 没有，我没有英语词典。
　　　Méiyǒu, wǒ méiyǒu Yīngyǔ cídiǎn.
　　　いいえ，わたしは英語の辞書を持っていません。

　　③ 这本汉语词典很贵。
　　　Zhè běn Hànyǔ cídiǎn hěn guì.
　　　この中国語の辞書は高いです。

　　④ 图书馆里有汉语词典。
　　　Túshūguǎn li yǒu Hànyǔ cídiǎn.
　　　図書館に中国語の辞書があります。

　　「中国語の辞書を持っているかどうか」についての質問ですから，"有"あるいは"没有"で答えているものを選びます。①が正解です。②は"英语词典"について述べているのでふさわしくありません。③は値段について答えているので正解から外れます。また，④は存在する場所を答えていて，これも適切ではありません。

12 (9) 問：你在干什么呢？
　　　Nǐ zài gàn shénme ne?
　　　あなたは何をしているところですか。

答：① 我不想看电视。
　　　Wǒ bù xiǎng kàn diànshì.
　　　わたしはテレビを見たくありません。

第86回　解答と解説　〔リスニング〕

15

❷ 我正在做作业呢。
Wǒ zhèngzài zuò zuòyè ne.

わたしは宿題をしているところです。

③ 我想去中国旅游。
Wǒ xiǎng qù Zhōngguó lǚyóu.

わたしは中国へ旅行に行きたいです。

④ 我不想做作业了。
Wǒ bù xiǎng zuò zuòyè le.

わたしは宿題をしたくなくなりました。

「今，何をしているか」についての質問ですから，答えは進行形で表現されているものでなければならないので，②が正解です。その他の選択肢は"想""不想"を用いた表現ですので，ここではふさわしくありません。

13 (10) 問：你觉得今天热还是昨天热？
Nǐ juéde jīntiān rè háishi zuótiān rè?

あなたはきょうのほうが暑いと思いますか，それともきのうのほうが暑いと思いますか。

答：① 前天没有昨天热。
Qiántiān méiyǒu zuótiān rè.

おとといはきのうほど暑くありませんでした。

② 明天会比今天热。
Míngtiān huì bǐ jīntiān rè.

あしたはきょうよりも暑くなるでしょう。

③ 今天比前天热多了。
Jīntiān bǐ qiántiān rè duō le.

きょうはおとといよりずっと暑いです。

❹ 今天没有昨天热。
Jīntiān méiyǒu zuótiān rè.

きょうはきのうほど暑くありません。

「きょう」と「きのう」を比べてどちらが暑いかについての質問です。いずれも比較の表現を使って答えてはいますが，④以外は，「おととい」や「あした」などについて答えていて問いには対応していませんので，ここではふさわしくありません。

2 長文聴解：

解答：(1) ❸ (2) ❸ (3) ❷ (4) ❷ (5) ❹ (6) ❷ (7) ❷ (8) ❶ (9) ❹ (10) ❸

会話文の聞き取り：小竜に夏休みの旅行の予定を尋ねています。まとまった分量の会話についていけるかどうかが問われています。

(5点×10)

15 A：小龙，你暑假打算去哪儿旅游？
Xiǎolóng, nǐ shǔjià dǎsuan qù nǎr lǚyóu?

B：我去年去了韩国，(1)今年去日本。
Wǒ qùnián qùle Hánguó, jīnnián qù Rìběn.

A：是吗？什么时候去呀？
Shì ma? Shénme shíhou qù ya?

B：(2)七月二十八号，从北京出发。
Qīyuè èrshíbā hào, cóng Běijīng chūfā.

A：去几天呢？
Qù jǐ tiān ne?

B：(3)一个星期，八月三号回上海。
Yí ge xīngqī, bāyuè sān hào huí Shànghǎi.

16 A：你打算去哪些地方呢？
Nǐ dǎsuan qù nǎxiē dìfang ne?

B：(4)先去东京，然后去京都。
Xiān qù Dōngjīng, ránhòu qù Jīngdū.

A：不去北海道吗？
Bú qù Běihǎidào ma?

B：这次不去，下次去。
Zhè cì bú qù, xià cì qù.

A：你是跟旅游团去吗？
Nǐ shì gēn lǚyóutuán qù ma?

B：不，和日本留学生铃木一起去。
Bù, hé Rìběn liúxuéshēng Língmù yìqǐ qù.

A：你买飞机票了吗？
Nǐ mǎi fēijīpiào le ma?

B：还没有呢。(5)我打算明天去买。
Hái méiyou ne. Wǒ dǎsuan míngtiān qù mǎi.

訳：

A：小竜，あなたは夏休みにどこへ旅行に行くつもりですか。
B：ぼくは去年韓国に行ったので、(1)今年は日本に行きます。
A：そうですか。いつ行くのですか。
B：(2)7月28日に北京から出発します。
A：何日間行きますか。
B：(3)1週間です。8月3日に上海に戻ります。
A：どのあたりに行く予定ですか。
B：(4)まず東京に行き、それから京都に行きます。
A：北海道には行かないのですか。
B：今回は行きません。次の時に行きます。
A：ツアーで行くのですか。
B：いいえ、日本人留学生の鈴木さんと一緒に行きます。
A：航空券はもう買いましたか。
B：まだです。(5)あした買いに行くつもりです。

17

17 (1) 問：小龙打算暑假干什么？　　　　　　　小竜は夏休みに何をするつもりですか。
　　　　　Xiǎolóng dǎsuan shǔjià gàn shénme?

　　答：① 去韩国旅游。Qù Hánguó lǚyóu.　　韓国へ旅行に行く。

　　　　② 去北京旅游。Qù Běijīng lǚyóu.　　北京へ旅行に行く。

　　　　❸ 去日本旅游。Qù Rìběn lǚyóu.　　日本へ旅行に行く。

　　　　④ 去上海旅游。Qù Shànghǎi lǚyóu.　　上海へ旅行に行く。

　　3行目で小竜が"今年去日本"と言っているのを聞き取ります。

18 (2) 問：小龙几月几号出发？　　　　　　　小竜は何月何日に出発しますか。
　　　　　Xiǎolóng jǐ yuè jǐ hào chūfā?

　　答：① 七月三号。　　Qīyuè sān hào.　　7月3日。

　　　　② 八月三号。　　Bāyuè sān hào.　　8月3日。

　　　　❸ 七月二十八号。Qīyuè èrshibā hào.　7月28日。

　　　　④ 八月二十八号。Bāyuè èrshibā hào.　8月28日。

　　6行目で小竜が"七月二十八号，从北京出发"と言っているのを聞き取ります。

19 (3) 問：小龙打算去几天？　　　　　　　小竜は何日間行く予定ですか。
　　　　　Xiǎolóng dǎsuan qù jǐ tiān?

　　答：① 三天。　　Sān tiān.　　3日間。

　　　　❷ 一个星期。Yí ge xīngqī.　1週間。

　　　　③ 八天。　　Bā tiān.　　8日間。

　　　　④ 二十天。　Èrshí tiān.　20日間。

　　8行目で小竜が"一个星期，八月三号回上海"と言っているのを聞き取ります。

20 (4) 問：小龙打算先去什么地方？ Xiǎolóng　小竜はまずどこへ行く予定ですか。
　　　　　dǎsuan xiān qù shénme dìfang?

　　答：① 上海。　Shànghǎi.　上海。

　　　　❷ 东京。　Dōngjīng.　東京。

③ 京都。　　Jīngdū.　　　　　　　　京都。

④ 北海道。Běihǎidào.　　　　　　　北海道。

11行目で小竜が"先去东京"と言っているのを聞き取ります。

21 (5) 問：小龙明天去干什么？　　　　　　小竜はあす何をしに行きますか。
　　　　Xiǎolóng míngtiān qù gàn shénme?

答：① 参加旅游团。Cānjiā lǚyóutuán.　　ツアーに参加する。

② 从北京出发。Cóng Běijīng chūfā.　　北京から出発する。

③ 去日本旅游。Qù Rìběn lǚyóu.　　　日本へ旅行に行く。

❹ 买飞机票。　Mǎi fēijīpiào.　　　航空券を買う。

"你买飞机票了吗？"と尋ねたのに対して，18行目で小竜が"我打算明天去买"と答えているのを聞き取ります。

文章の聞き取り：北京に留学して1年半になるわたしの，ある週末の出来事です。

29　　我是去年三月从东京来到北京留学的，在北京已经生活了一年半了。在北京，我有两个中国朋友，一个是小张，一个是小刘。(6)小张喜欢听音乐，小刘喜欢唱歌，我喜欢踢足球。我们的爱好不一样，但是我们经常一起去看电影。今天是星期天，我们又打算一起去看电影，(7)电影下午两点半开始，(8)我们两点一刻在车站集合。我两点十分到了车站，五分钟后小张也来了，可是小刘没有到。

30　　我和小张等了十分钟，(9)小刘来电话了。他说他发烧了，现在在医院看病呢。打完电话，我和小张马上去医院看他。小刘对我们说："对不起，(10)今天没能跟你们一起去看电影。"我说："没关系，等你病好了以后，下个星期天咱们再一起去看电影。"

Wǒ shì qùnián sānyuè cóng Dōngjīng láidào Běijīng liúxué de, zài Běijīng yǐjīng shēnghuóle yì nián bàn le. Zài Běijīng, wǒ yǒu liǎng ge Zhōngguó péngyou, yí ge shì Xiǎo Zhāng, yí ge shì Xiǎo Liú. Xiǎo Zhāng xǐhuan tīng yīnyuè, Xiǎo Liú xǐhuan chàng gē, wǒ xǐhuan tī zúqiú. Wǒmen de àihào bù yíyàng, dànshì wǒmen jīngcháng yìqǐ qu kan diànyǐng. Jīntiān shì xīngqītiān, wǒmen yòu dǎsuan yìqǐ qù kàn diànyǐng, diànyǐng xiàwǔ liǎng diǎn bàn kāishǐ, wǒmen liǎng diǎn yí kè zài chēzhàn jíhé. Wǒ liǎng diǎn shí fēn dàole chēzhàn, wǔ fēn zhōng hòu Xiǎo Zhāng yě lái le, kěshì Xiǎo Liú méiyou dào.

　　Wǒ hé Xiǎo Zhāng děngle shí fēn zhōng, Xiǎo Liú lái diànhuà le. Tā shuō tā fāshāo le, xiànzài zài yīyuàn kànbìng ne. Dǎwán diànhuà, wǒ hé Xiǎo Zhāng mǎshàng qù yīyuàn kàn tā. Xiǎo Liú duì wǒmen shuō："Duìbuqǐ, jīntiān méi néng gēn nǐmen yìqǐ qù kàn diànyǐng." Wǒ shuō："Méi guānxi, děng nǐ bìng hǎo le yǐhòu, xià ge xīngqītiān zánmen zài yìqǐ qù kàn diànyǐng."

訳：わたしは去年の3月に東京から北京に留学に来て，北京ですでに1年半暮らしています。北京では，中国の友人が2人います。1人は張さんで，もう一人は劉さんです。(6)張さんは音楽を聴くのが好きで，劉さんは歌を歌うのが好きですが，わたしはサッカーをするのが好きです。わたしたちの趣味は異なりますが，わたしたちはよく一緒に映画を観に行きます。きょうは日曜日で，わたしたちはまた一緒に映画を観に行くつもりでした。(7)映画は午後2時半に始まるので，(8)わたしたちは2時15分に駅に集合することにしました。わたしは午後2時10分に駅に着き，5分後には張さんも来ましたが，劉さんは来ませんでした。わたしと張さんが10分待った時，(9)劉さんから電話があり，熱を出して，いま病院で診てもらっているところだとのことでした。電話の後，わたしと張さんはすぐに病院へ彼を見舞いに行きました。劉さんはわたしたちに「すみません，(10)きょうはあなたたちと一緒に映画を観に行けなくて」と言いました。わたしは「大丈夫ですよ。病気がよくなってから，来週の日曜日に一緒に観に行きましょう」と言いました。

31　(6) 問：小张的爱好是什么?　　　　　　　　張さんの趣味は何ですか。
　　　　　Xiǎo Zhāng de àihào shì shénme?

　　答：① 看电影。　Kàn diànyǐng.　　　　　映画を観ること。

　　　　❷ 听音乐。　Tīng yīnyuè.　　　　　　音楽を聴くこと。

　　　　③ 唱歌。　　Chàng gē.　　　　　　　歌を歌うこと。

　　　　④ 踢足球。　Tī zúqiú.　　　　　　　サッカーをすること。

　　　"小张喜欢听音乐"を聞き取ります。

32　(7) 問：电影几点开始?　　　　　　　　　映画は何時に始まりますか。
　　　　　Diànyǐng jǐ diǎn kāishǐ?

　　答：① 两点十分。　Liǎng diǎn shí fēn.　　2時10分。

❷ 两点半。　　　Liǎng diǎn bàn.　　　2時半。

③ 两点零五分。Liǎng diǎn líng wǔ fēn.　2時5分。

④ 两点二十分。Liǎng diǎn èrshí fēn.　2時20分。

"电影下午两点半开始"を聞き取ります。

33 (8) 問：他们看电影在哪儿集合？　　　　　彼らは映画を観るのにどこに
　　　　Tāmen kàn diànyǐng zài nǎr jíhé?　集合しますか。

　　答：❶ 在车站。　　Zài chēzhàn.　　　駅。

　　　② 在足球场。Zài zúqiúchǎng.　　　サッカー場。

　　　③ 在电影院。Zài diànyǐngyuàn.　　映画館。

　　　④ 在医院。　　Zài yīyuàn.　　　　病院。

"我们两点一刻在车站集合"を聞き取ります。

34 (9) 問：小刘来电话说什么了？　　　　　　劉さんは電話をかけてきて何
　　　　Xiǎo Liú lái diànhuà shuō shénme le?　と言いましたか。

　　答：① 他在车站发高烧了。　　　　　　駅で高熱を出した。
　　　　　Tā zài chēzhàn fā gāoshāo le.

　　　② 他正在电影院看电影。　　　　　映画館で映画を観ている。
　　　　　Tā zhèngzài diànyǐngyuàn kàn diànyǐng.

　　　③ 他在车站等我和小张。　　　　　駅でわたしと張さんとを待っ
　　　　　Tā zài chēzhàn děng wǒ hé Xiǎo Zhāng.　ている。

　　　❹ 他发烧，在医院看病呢。　　　　熱を出して，病院で診てもらっている。
　　　　　Tā fāshāo, zài yīyuàn kànbìng ne.

"小刘来电话了。他说他发烧了,现在在医院看病呢"を聞き取ります。

35 (10) 問：小刘为什么说"对不起"？　　　　劉さんはどうして「すみません」と言ったのですか。
　　　　Xiǎo Liú wèi shénme shuō "Duìbuqǐ"?

　　答：① 因为今天是星期天。　　　　　　きょうは日曜日だから。
　　　　　Yīnwei jīntiān shì xīngqītiān.

　　　② 因为今天迟到了。　　　　　　　きょう遅刻したから。
　　　　　Yīnwei jīntiān chídào le.

第86回 解答と解説［リスニング］

21

❸ 因为今天没能去看电影。Yīnwei jīntiān méi néng qù kàn diànyǐng.　　きょう映画を観に行けなかったから。

④ 因为今天去看电影了。Yīnwei jīntiān qù kàn diànyǐng le.　　きょう映画を観に行ったから。

劉さんの発言"今天没能跟你们一起去看电影"を聞き取ります。

筆　記

1

解答：1.(1)❷　(2)❶　(3)❸　(4)❷　(5)❹　2.(6)❸　(7)❶　(8)❷　(9)❹　(10)❷

1. 発音　声調の組み合わせ：2音節の単語の声調パターンが身についているかどうかを問われています。2音節の単語は104頁の「2音節語の声調の組み合わせ」によって，繰り返し練習してパターンを身に付けましょう。　　　　　　（2点×5）

(1) ① 发音 fāyīn　　　　　　　　（発音）
　　❷ 英语 Yīngyǔ　　　　　　　（英語）
　　③ 中心 zhōngxīn　　　　　　（中心，センター）
　　④ 飞机 fēijī　　　　　　　　（飛行機）

(2) ❶ 成绩 chéngjì　　　　　　　（成績）
　　② 感谢 gǎnxiè　　　　　　　（感謝する）
　　③ 考试 kǎoshì　　　　　　　（試験，テスト）
　　④ 好像 hǎoxiàng　　　　　　（…のようだ）

(3) ① 自然 zìrán　　　　　　　　（自然）
　　② 大学 dàxué　　　　　　　　（大学）
　　❸ 社会 shèhuì　　　　　　　（社会）
　　④ 外国 wàiguó　　　　　　　（外国）

(4) ① 容易 róngyì　　　　　　　（容易だ）
　　❷ 商店 shāngdiàn　　　　　　（商店）
　　③ 杂志 zázhì　　　　　　　　（雑誌）
　　④ 文化 wénhuà　　　　　　　（文化）

(5) ① 生活 shēnghuó　　　　　　（生活）
　　② 要求 yāoqiú　　　　　　　（要求する）
　　③ 欢迎 huānyíng　　　　　　（歓迎する）
　　❹ 高兴 gāoxìng　　　　　　　（うれしい）

23

2. 発音　声母・韻母のピンイン表記：ピンインでつづられた音節を正確に発音することができるかどうか。　　　　　　　　　　　　　　　　　　　　　（2点×5）

(6) 星期（週）

　① xīnqī　　　② xīnjī　　　❸ xīngqī　　　④ xīngjī

(7) 练习（練習する）

　❶ liànxí　　　② liánsì　　　③ lànxí　　　④ lánsì

(8) 快餐（ファストフード）

　① guàizān　　　❷ kuàicān　　　③ guàicān　　　④ kuàizān

(9) 方便（便利だ）

　① fāngpián　　　② fānbiàn　　　③ fānpián　　　❹ fāngbiàn

(10) 公司（会社）

　① kōngsī　　　❷ gōngsī　　　③ kōngsū　　　④ gōngsū

2

解答：(1)❸　(2)❷　(3)❶　(4)❹　(5)❶　(6)❷　(7)❶　(8)❷　(9)❶　(10)❹

空欄補充：空欄に入る語はいずれも文法上のキーワードである。　　　　（2点×10）

(1) 昨天晚上我喝（了）一瓶啤酒。　　昨晩わたしはビールを1本飲みました。
　Zuótiān wǎnshang wǒ hēle yì píng píjiǔ.

　① 着 zhe　　　② 地 de　　　❸ 了 le　　　④ 的 de

　　"昨天晚上"とあることから、過去に起こった動作の完了を表すのに最適なものを選びます。正解は③"了"です。①"着"は持続を表す助詞、②"地"は動詞を、④"的"は名詞を修飾する助詞ですから、ここではふさわしくありません。

(2) 我家（离）车站不远。　　　　　　わが家は駅から遠くありません。
　Wǒ jiā lí chēzhàn bù yuǎn.

　① 从 cóng　　　❷ 离 lí　　　③ 在 zài　　　④ 向 xiàng

　　介詞（前置詞）の問題です。2点間の距離がどれだけあるかというときには②の"离"を用います。①"从"は時間的・空間的な起点を、③"在"は「…で」と場所を、④"向"は「…へ」という方向を表します。

(3) 我想买一（ 条 ）裤子。　　　　　　わたしはズボンを1本買いたい。
　　Wǒ xiǎng mǎi yì tiáo kùzi.

　　❶ 条 tiáo　　② 枚 méi　　③ 张 zhāng　　④ 件 jiàn

　　　量詞（助数詞）の問題です。"裤子"（ズボン）のような細長い物を数えるときには"条"を用います。②"枚"は小型の平たい物や武器を，③"张"は平らな面を持つ物などを，④"件"は事柄や上着などを数えるときに用いる量詞で，いずれもふさわしくありません。

(4) 我（ 还 ）没做完作业呢。　　　　　わたしはまだ宿題を済ませていません。
　　Wǒ hái méi zuòwán zuòyè ne.

　　① 就 jiù　　② 再 zài　　③ 更 gèng　　❹ 还 hái

　　　副詞の問題です。"还没…呢"で「まだ…していない」の意を表す構文をつくりますので，④"还"が正解です。①"就"は「すぐに」，②"再"は「また，再び」，③"更"は「さらに」という意味を表す副詞です。

(5) 你的书包是在哪儿买（ 的 ）？　　　あなたのカバンはどこで買ったのですか。
　　Nǐ de shūbāo shì zài nǎr mǎi de?

　　❶ 的 de　　② 了 le　　③ 过 guo　　④ 吧 ba

　　　過去に行われた動作行為について，それが行われた時間・場所・方法などを強調するときには，"是…的"の構文を用いますので，①"的"が正解です。②"了"は完了や変化を，③"过"は経験を，④"吧"は提案や推量の語気を表し，いずれも強調表現とは関わりがないので，答えとしてはふさわしくありません。

(6) 我们在这儿休息（ 一下 ）吧。　　　わたしたちここでちょっと休みましょう。
　　Wǒmen zài zhèr xiūxi yíxià ba.

　　① 一点儿 yìdiǎnr　　❷ 一下 yíxià
　　③ 有点儿 yǒudiǎnr　　④ 一些 yìxiē

　　　①〜④はいずれも「ちょっと」「少し」の意を表す数量詞で，形容詞か動詞の後に置くことができます。そのうち②"一下"は動作について用います。この文では"休息"の後に置かれて，時間的に「少し」という意味ですから，この②が正解です。一方③"有点儿"は副詞で，形容

25

詞や動詞の前に置き，主に好ましくないことについて言います。①"一点儿"と④"一些"は量的に「少し」という意味なので，ここでは使えません。

(7) 她喜欢喝（ 什么 ）茶？　　　　　　彼女はどんなお茶が好きですか。
　　 Tā xǐhuan hē shénme chá?

　　 ❶ 什么 shénme　② 怎么 zěnme　③ 多么 duōme　④ 多少 duōshao

　　お茶の種類の好みを聞いていると理解して，①"什么"を選びます。②"怎么"は方法や理由を，③"多么"は「なんと」と感嘆を表し，④"多少"は数量を尋ねるときに使うので，いずれもふさわしくありません。

(8) 你（ 被 ）老师批评过吗？　　　　　　あなたは先生に叱られたことがありますか。
　　 Nǐ bèi lǎoshī pīpíngguo ma?

　　 ① 得 děi　　② 比 bǐ　　③ 跟 gēn　　❹ 被 bèi

　　受身の意味を表す介詞を選ぶ問題です。①"得"は「…しなければならない」という助動詞，②"比"は「…より」と比較を，③"跟"は「…と」動作・行為の相手を表す介詞ですから，いずれもここではふさわしくありません。意味が通じるのは受身を表す④の介詞"被"のみです。

(9) 我（ 没 ）听懂你说的话。　　　　　　わたしはあなたの言っていることが聞いて分かりませんでした。
　　 Wǒ méi tīngdǒng nǐ shuō de huà.

　　 ❶ 没 méi　　② 再 zài　　③ 不 bù　　④ 别 bié

　　過去の，あるいは現時点での事実を否定する場合は"没"を使います。したがって，正解は①"没"です。③"不"は意志の否定を表します。問題文は「動詞＋結果補語」"听懂"が後に続くことから，"不"は用いられません。②"再"は「また，再び」，④"别"は「…するな」という意味を表す副詞ですので，いずれもふさわしくありません。

(10) 我（ 可以 ）用一下你的词典吗？　　　あなたの辞書をちょっとお借りしてもいいですか。
　　 Wǒ kěyǐ yòng yíxià nǐ de cídiǎn ma?

　　 ① 希望 xīwàng　② 应该 yīnggāi　③ 打算 dǎsuan　❹ 可以 kěyǐ

　　「…してもかまわない」という許可の意味を表す④"可以"が正解です。

①"希望"は「希望する」,②"应该"は「…すべきだ」,③"打算"は「…するつもりだ」という意味ですから,いずれもふさわしくありません。

3

解答：1. (1) ❹ (2) ❶ (3) ❸ (4) ❷ (5) ❸ 2. (6) ❶ (7) ❹ (8) ❸ (9) ❷ (10) ❶

1. 日文中訳（語順選択）：文法上のキーワードを含む基本的な文を正確に組み立てることができるかどうかが問われています。　　　　　　　　　　(2点×5)

(1) わたしは上海で一度地下鉄に乗ったことがあります。
　① 我坐过一次地铁在上海。
　② 我在上海一次坐过地铁。
　③ 我在上海地铁坐过一次。
　❹ 我在上海坐过一次地铁。Wǒ zài Shànghǎi zuòguo yí cì dìtiě.

　　「…で…する」というときは,「"在"+場所+動詞+…」の順に並べて表現します。動作の回数は「動詞+回数+目的語」の順に並べます。したがって,④が正解です。

(2) わたしはスキーがあなたほど上手ではありません。
　❶ 我滑雪滑得没有你那么好。Wǒ huáxuě huáde méiyǒu nǐ nàme hǎo.
　② 我滑雪滑得没有那么你好。
　③ 我滑雪那么没有你滑得好。
　④ 我滑雪你没有滑得那么好。

　　様態補語の表現で,動詞が目的語を取る場合は,「動詞+目的語+動詞+"得"+様態補語」が一般的な語順です。この文の様態補語は「あなたほど上手ではありません」の部分です。「AはBほど…ではない」は,「A+"没有"+B…」の語順で表現します。したがって,正解は①です。

(3) もうすぐ国慶節です。
　① 到快要国庆节了。
　② 快要到了国庆节。
　❸ 快要到国庆节了。Kuàiyào dào Guóqìng Jié le.

27

④ 快要国庆节到了。

　　正解は③です。動作や状況が間もなく発生することを表すには，"快要…了""快…了"などの文型を用います。"快要"は副詞ですから，その後には動詞（句）が来ます。①や④のように名詞が来ることはありません。

(4) 兄は体育館に卓球をしに行きました。
① 我哥哥体育馆去打了乒乓球。
❷ 我哥哥去体育馆打乒乓球了。Wǒ gēge qù tǐyùguǎn dǎ pīngpāngqiú le.
③ 我哥哥打乒乓球体育馆去了。
④ 我哥哥去打乒乓球体育馆了。

　　連動文の問題です。中国語は動作を行う順番に動詞を並べるのが原則です。すなわち"去体育馆"+"打乒乓球"の語順になります。したがって，正解は②です。

(5) 彼女はわたしに誕生日プレゼントをくれました。
① 她送给生日礼物我了。
② 她生日礼物我送给了。
❸ 她送给我生日礼物了。Tā sònggěi wǒ shēngrì lǐwù le.
④ 她送给生日礼物我了。

　　"送给"は二重目的語を取りますが，「…に」という間接目的語が前に，「…を」という直接目的語が後になります。したがって，正解は③です。なお，出題ミスで①と④は同一内容になっていますが，解答には影響ありません。

2. 日文中訳（語順整序）：与えられた語句を用いて正確に文を組み立てることができるかどうかが問われています。　　　　　　　　　　　　　　（2点×5）

(6) レポートはまだ書き終わっていません。
報告　④ 还　③ 没　② 写　[❶ 完]。
Bàogào hái méi xiěwán.

　　「まだ…していない」という場合，「"还"+"没（有）"+動詞+…」の順で並べます。また，「書き終わる」は結果補語を用いて"写完"と表現します。

(7) あなたは9時に帰って来ることができますか。

你 ① 九点 ② 回 [❹得] ③ 来吗?
Nǐ jiǔ diǎn huídelái ma?

> 「…することができる」は可能補語を用いて「動詞+"得"+補語」の形式で表します。また、「9時に」は時間詞ですから、この動詞句の前に置かれます。

(8) 彼女は赤いセーターを着ています。

她 ④ 穿 ① 着 [❸一件] ② 红毛衣。
Tā chuānzhe yí jiàn hóng máoyī.

> 「…ている」は持続を表す助詞"着"を使い「動詞+"着"」とします。さらに、中国語は物を数えるとき「数詞+量詞+名詞」の語順となるので目的語のところには数量詞"一件"を前に置いて名詞をその後に続けます。

(9) 彼は毎日2時間テレビを見ます。

他 ④ 每天 ③ 看 [❷两个小时] ① 电视。
Tā měi tiān kàn liǎng ge xiǎoshí diànshì.

> "每天"は時間を表す状況語（連用修飾語）なので動詞句の前に置きます。ある動作をどのくらいの時間行うかを表すときは、「動詞+時間量」の語順になります。動詞が目的語をとる場合は、「動詞+時間量+目的語」の語順になるので、「テレビを2時間見る」は"看两个小时电视"とします。

(10) きょうの気温はきのうより3度高い。

今天的气温 ④ 比 ② 昨天 [❶高] ③ 三度。
Jīntiān de qìwēn bǐ zuótiān gāo sān dù.

> 比較の構文に関する問題です。"比"は介詞で、「A+"比"+B+形容詞+…」の形式を取ります。また、比較後の差を表す"三度"は形容詞の後ろに置かれます。

4 長文読解

解答：(1)❷ (2)❹ (3)❸ (4)❶ (5)❹ (6)❸

空欄補充と内容理解：まとまった内容をもつ長文を正確に理解しているかどうかを，キーワードを正しく空欄に補充させることによって問うています。

　　我以前身体很弱，经常感冒。上高中以后，学校要求学生必须参加一项体育活动。为了锻炼身体，我就参加了长跑队。我每天都 (1)和 长跑队的同学们一起跑步。一年以后，我的身体渐渐好起来了，也不感冒了。我现在很喜欢长跑运动。

　　(6)跑步 (2)让 我的身体越来越健康了，更重要的是增强了我的自信心。记得有一次长跑比赛，我跑得很累，脚也疼了，不 (3)想 跑下去了。这时候，同学们大声对我说："加油！加油！坚持就是胜利。"听到这么多同学为我加油，我很感动，下决心要坚持跑下去。最后，我跑到了终点。虽然是最后一名，但是我觉得 (4)能 坚持跑到终点，我就是胜利者。

　　通过这次比赛，我明白了一个道理：做什么事情都要坚持到底，(5)跟长跑比赛一样，坚持就是胜利。

　　Wǒ yǐqián shēntǐ hěn ruò, jīngcháng gǎnmào. Shàng gāozhōng yǐhòu, xuéxiào yāoqiú xuésheng bìxū cānjiā yí xiàng tǐyù huódòng. Wèile duànliàn shēntǐ, wǒ jiù cānjiāle chángpǎo duì. Wǒ měi tiān dōu hé chángpǎo duì de tóngxuémen yìqǐ pǎobù. Yì nián yǐhòu, wǒ de shēntǐ jiànjiàn hǎoqilai le, yě bù gǎnmào le. Wǒ xiànzài hěn xǐhuan chángpǎo yùndòng.

　　Pǎobù ràng wǒ de shēntǐ yuè lái yuè jiànkāng le, gèng zhòngyào de shì zēngqiángle wǒ de zìxìnxīn. Jìde yǒu yí cì chángpǎo bǐsài, wǒ pǎode hěn lèi, jiǎo yě téng le, bù xiǎng pǎoxiaqu le. Zhè shíhou, tóngxuémen dà shēng duì wǒ shuō : "Jiāyóu! Jiāyóu! Jiānchí jiù shì shènglì." Tīngdào zhème duō tóngxué wèi wǒ jiāyóu, wǒ hěn gǎndòng, xià juéxīn yào jiānchí pǎoxiaqu. Zuìhòu, wǒ pǎodàole zhōngdiǎn. Suīrán shì zuìhòu yì míng, dànshì wǒ juéde néng jiānchí pǎodào zhōngdiǎn, wǒ jiù shì shènglìzhě.

　　Tōngguò zhè cì bǐsài, wǒ míngbaile yí ge dàoli : Zuò shénme shìqing dōu yào jiānchí dàodǐ, (5)gēn chángpǎo bǐsài yíyàng, jiānchí jiù shì shènglì.

訳：わたしは以前身体が弱く，いつも風邪をひいていた。高校に進学してからは，学校は生徒に必ず何かスポーツ活動に参加せよとのことだった。身体を鍛える

ために，わたしは長距離走のチームに入った。わたしは毎日長距離走チームの仲間と一緒にランニングをした。1年後，わたしの身体はだんだんとよくなってきたし，風邪もひかなくなった。わたしは今，長距離走が大好きだ。

(6)ランニングによってわたしの身体はますます健康になってきたが，さらに重要なのはわたしの自信を深めたことである。それはある長距離走大会でのことだが，わたしが走るのに疲れて足も痛くなり，もう走り続けたくなくなった。その時，仲間たちがわたしを大きな声で励ました。「がんばれ，がんばれ，最後までがんばれ！」多くの仲間がわたしに「がんばれ」と励ましてくれるのを聞いて，わたしは感動し，走り続けようと決心した。最後にはゴールにたどり着いた。びりではあったが，ゴールまで走り通せたので，わたしは勝利者であると思った。

この大会を通じて，わたしは一つの教訓を得た。それは，何事をするにも最後までやり遂げなくてはならず，(5)長距離競走と同じように，やり抜くことこそが勝利につながるということだ。

(1) 空欄補充 (3点)

① 到 dào　　❷ 和 hé　　③ 对 duì　　④ 从 cóng

　　ここは「毎日いつも長距離走チームの仲間と一緒にランニングをした」という意味ですから，「…と」と動作の相手を示す介詞"和"が適切です。①"到"は「…まで」，③"对"は「…にとって，…について」，④"从"は「…から」という意味ですから，ここではふさわしくありません。

(2) 空欄補充 (3点)

① 给 gěi　　② 得 děi　　③ 被 bèi　　❹ 让 ràng

　　この文を直訳すれば，「長距離走はわたしの身体をますます健康にさせた」となります。使役を表す動詞には"让""叫"などがあります。よって正解は④"让"です。①"给"は，「…に」という意味で動作の対象を導く介詞，②"得"は「…しなければならない」という意味の助動詞で，③"被"は受身を表す介詞ですから，いずれもここではふさわしくありません。

(3) 空欄補充 (3点)

① 会 huì　　② 行 xíng　　❸ 想 xiǎng　　④ 用 yòng

31

ここは文の前後関係から「…したい」と願望を表す③"想"を選ぶのが適当です。①"会"は「…できる」あるいは「…するはずだ」という意味の助動詞、②"行"は「よい」、④"用"は「用いる」という意味ですから、ここではいずれもふさわしくありません。

(4) 空欄補充 (3点)
　❶ 能 néng　　②得 děi　　③应该 yīnggāi　　④打算 dǎsuan

　　　ここは文意から「…できる」という意味の助動詞を選びます。正解は①の"能"です。②"得"は「…しなければならない」、③"应该"は「…すべきである」、④"打算"は「…するつもりである」という意味です。

(5) 下線部解釈 (4点)
　① 長距離競走は他のスポーツと同じように、必ず一番で勝利できるのだ。
　② 長距離競走で一番になれば、他のことでも勝利することにつながるのだ。
　③ 長距離競走と同じように、体力があればきっと勝利するのだ。
　❹ 長距離競走と同じように、やり抜くことこそが勝利につながるのだ。

　　　この文を直訳すれば、「長距離競走と同じで、堅持することはつまり勝利である」となります。「継続は力なり」にもつながる意味ですね。正解は④です。

(6) 内容の一致 (4点)
　① 我参加长跑队以后经常感冒。
　　　Wǒ cānjiā chángpǎo duì yǐhòu jīngcháng gǎnmào.
　　　わたしは長距離走チームに入ってからいつも風邪をひいた。
　② 长跑比赛我得了第一名。
　　　Chángpǎo bǐsài wǒ déle dì yī míng.
　　　長距離競走でわたしは優勝した。
　❸ 跑步给了我健康和信心。
　　　Pǎobù gěile wǒ jiànkāng hé xìnxīn.
　　　ランニングによってわたしは健康と自信を得た。
　④ 我小时候就喜欢长跑。
　　　Wǒ xiǎoshíhòu jiù xǐhuan chángpǎo.
　　　わたしは小さい頃から長距離走が好きだった。

5行目に"跑步让我的身体越来越健康了,更重要的是增强了我的自信心"とありますから、ランニングをすることで健康と自信を深めたことが読み取れます。正解は③です。

5 日文中訳（記述式） (4点×5)

(1) お尋ねします、トイレはどこでしょうか。
请问，厕所在哪儿？ Qǐngwèn, cèsuǒ zài nǎr?

> 「お尋ねします」は定型表現の"请问"を使います。場所を尋ねる表現は「主語+"在"+"哪儿"」です。「どこ」は"哪里"や"什么地方"でもかまいません。

(2) あなたは中国の小説を読んだことがありますか。
你看过中国小说吗？ Nǐ kànguo Zhōngguó xiǎoshuō ma?

> 「…ことがある」は過去の経験を表す"过"を動詞の後に付けて表現します。「中国の小説」は一般に"的"を用いずにそのまま並べます。"中文小说""汉语小说"は「中国語で書かれた」小説という意味で、「中国の」小説とは限りませんので、あまり適切ではありません。

(3) わたしたちは金曜日に中国語の授業があります。
我们星期五有汉语课。 Wǒmen xīngqīwǔ yǒu Hànyǔ kè.

> 「金曜日に…がある」は"星期五"を動詞句の前に置き、"星期五有…"の語順で表します。"汉语课"は"中文课"としてもかまいません。「金曜日」は"星期五"のほか、"周五""礼拜五"とも表現できます。

(4) わたしは毎日食堂で昼ごはんを食べます。
我每天在食堂吃午饭。 Wǒ měi tiān zài shítáng chī wǔfàn.

> 「食堂で昼ごはんを食べる」は「介詞+目的語+動詞（句）」の語順に従い、"在食堂吃午饭"と言います。"每天"は時間を表す状況語ですからこの前に置きます。「昼ごはん」は"中饭"としてもかまいません。

(5) 彼はきのうアルバイトに行きませんでした。
他昨天没去打工。 Tā zuótiān méi qù dǎgōng.

「…しなかった」は，"没"または"没有"を用いて表現します。「アルバイトに行く」は，動作を行う順番に"去打工"と言います。

第87回
(2015年11月)

問題
- リスニング ……………………………………… 36
- 筆　記 …………………………………………… 40
  - 解答時間：計100分
  - 配点：リスニング100点，筆記100点

解答と解説
- リスニング ……………………………………… 46
- 筆　記 …………………………………………… 57

リスニング （⇨解答と解説46頁）

1 (1)～(10)の中国語の問いを聞き，答えとして最も適当なものを，それぞれ①～④の中から1つ選び，その番号を解答欄にマークしなさい。　　　　（50点）

(1)

　　① ② ③ ④

(2)

　　① ② ③ ④

(3)

　　① ② ③ ④

(4)

　　① ② ③ ④

(5)

　　① ② ③ ④

09 (6)

① ② ③ ④

10 (7)

① ② ③ ④

11 (8)

① ② ③ ④

12 (9)

① ② ③ ④

13 (10)

① ② ③ ④

第87回 問題〔リスニング〕

2 中国語を聞き，(1)～(10)の問いの答えとして最も適当なものを，それぞれ①～④の中から1つ選び，その番号を解答欄にマークしなさい。 (50点)

メモ欄

(1) 两个人说话的时候是星期几?
① ② ③ ④

(2) 男的打算给谁买礼物?
① ② ③ ④

(3) 男的打算买什么礼物?
① ② ③ ④

(4) 两个人准备明天几点去买东西?
① ② ③ ④

(5) 买完东西以后两个人决定做什么?
① ② ③ ④

メモ欄

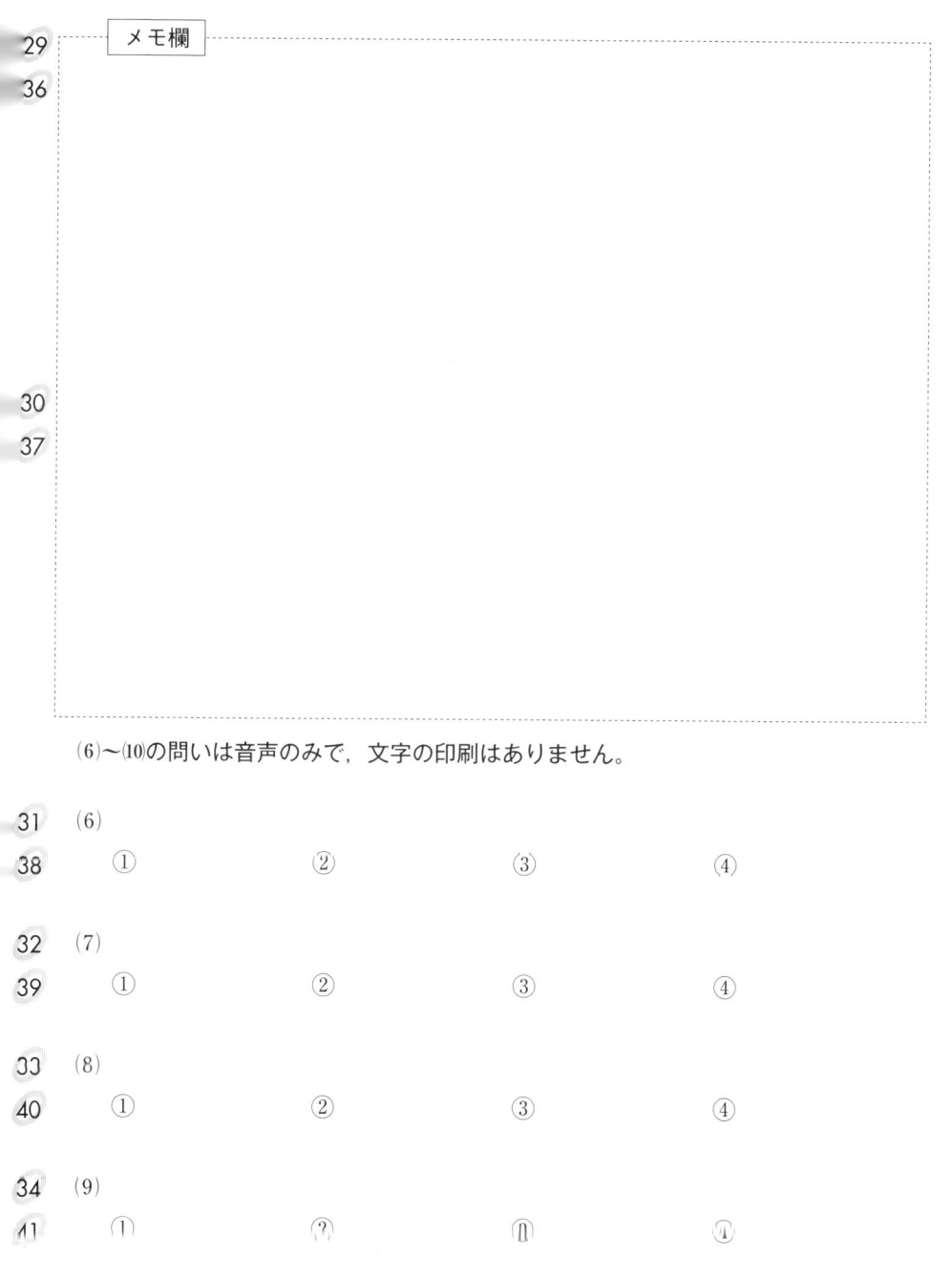

(6)〜(10)の問いは音声のみで，文字の印刷はありません。

(6)
① ② ③ ④

(7)
① ② ③ ④

(8)
① ② ③ ④

(9)
① ② ③ ④

(10)
① ② ③ ④

筆 記 (⇨解答と解説57頁)

1 1. (1)～(5)の中国語と声調の組み合わせが同じものを，それぞれ①～④の中から1つ選び，その番号を解答欄にマークしなさい。　　　　　　　　　　（10点）

(1) 书架　　　① 企业　　　② 电脑　　　③ 大概　　　④ 车站

(2) 父母　　　① 报纸　　　② 词典　　　③ 黑板　　　④ 帮助

(3) 录音　　　① 动物　　　② 汽车　　　③ 辛苦　　　④ 香烟

(4) 滑雪　　　① 杂志　　　② 考试　　　③ 能力　　　④ 游泳

(5) 小时　　　① 打开　　　② 米饭　　　③ 有名　　　④ 习惯

2. (6)～(10)の中国語の正しいピンイン表記を，それぞれ①～④の中から1つ選び，その番号を解答欄にマークしなさい。　　　　　　　　　　（10点）

(6) 信封　　　① xìngfēn　　　② xìngfēng　　　③ xìnfēng　　　④ xìnfēn

(7) 广播　　　① guǎngbō　　　② kuāngpō　　　③ guǎnpō　　　④ kuǎnbō

(8) 介绍　　　① jièxiào　　　② jièshào　　　③ juèxiào　　　④ juéshào

(9) 愉快　　　① yúkuài　　　② yíkuài　　　③ yúguài　　　④ yíguài

(10) 照相　　　① chàoxiàng　　　② jiàoxiàng　　　③ zhàoxiàn　　　④ zhàoxiàng

2　(1)～(10)の中国語の空欄を埋めるのに最も適当なものを，それぞれ①～④の中から1つ選び，その番号を解答欄にマークしなさい。　　　　(20点)

(1) 他昨天（　　　）来了。
　　① 又　　　　② 再　　　　③ 不　　　　④ 没

(2) 桌子上放（　　　）一本书。
　　① 呢　　　　② 在　　　　③ 着　　　　④ 到

(3) 请给我两（　　　）纸。
　　① 张　　　　② 篇　　　　③ 把　　　　④ 棵

(4) 我家（　　　）学校很远。
　　① 往　　　　② 离　　　　③ 从　　　　④ 在

(5) 我（　　　）妈妈写信。
　　① 朝　　　　② 对　　　　③ 向　　　　④ 给

(6) 我没去（　　　）美国。
　　① 了　　　　② 过　　　　③ 着　　　　④ 的

(7) 这个字（　　　）念?
　　① 哪儿　　　② 为什么　　③ 什么　　　④ 怎么

(8) 富士山有（　　　）高?
　　① 什么　　　② 几　　　　③ 多　　　　④ 怎么

(9) 快放假（　　　）。
　　① 呢　　　　② 了　　　　③ 着　　　　④ 的

(10) 你明天（　　　）来。
　　① 不会　　　② 不用　　　③ 不想　　　④ 不是

3 1. (1)~(5)の日本語の意味に合う中国語を，それぞれ①~④の中から1つ選び，その番号を解答欄にマークしなさい。 (10点)

(1) 少しゆっくり話してください。
   ① 请一点儿说慢。
   ② 请说一点儿慢。
   ③ 请慢一点儿说。
   ④ 请一点儿慢说。

(2) きょうはきのうほど暑くありません。
   ① 今天没有昨天那么热。
   ② 今天没有那么热昨天。
   ③ 今天没有热昨天那么。
   ④ 今天没有昨天热那么。

(3) きょうわたしは自転車で学校に行くつもりです。
   ① 我今天打算去骑车学校。
   ② 今天我打算骑车去学校。
   ③ 今天我骑车打算去学校。
   ④ 我今天去学校打算骑车。

(4) 彼は先生にいくつか質問をしました。
   ① 他老师问了几个问题。
   ② 他几个问题问老师了。
   ③ 他问了几个问题老师。
   ④ 他问了老师几个问题。

(5) 彼らもみな中国語を勉強しているのですか。
   ① 他们也都学习汉语吗？
   ② 他们都也学习汉语吗？
   ③ 他们也学习都汉语吗？
   ④ 他们都学习也汉语吗？

2. (6)～(10)の日本語の意味になるように，それぞれ①〜④を並べ替えたとき，[ ]内に入るものはどれか，その番号を解答欄にマークしなさい。　　（10点）

(6) わたしたちの学校に新しい先生が1人来られました。

　　我们＿＿＿＿＿ ＿＿＿＿＿ [＿＿＿＿＿] ＿＿＿＿＿。

　　① 新老师　　② 来了　　③ 一位　　④ 学校

(7) もう一杯どうぞ。

　　＿＿＿＿＿ ＿＿＿＿＿ [＿＿＿＿＿] ＿＿＿＿＿。

　　① 吧　　② 一杯　　③ 再　　④ 喝

(8) この服はあの服より少し高い。

　　这件衣服 ＿＿＿＿＿ ＿＿＿＿＿ ＿＿＿＿＿ [＿＿＿＿＿]。

　　① 比　　② 那件衣服　　③ 一点儿　　④ 贵

(9) 彼らは教室で宿題をしています。

　　他们＿＿＿＿＿ ＿＿＿＿＿ [＿＿＿＿＿] ＿＿＿＿＿呢。

　　① 做　　② 教室　　③ 在　　④ 作业

(10) 彼女は歌を歌うのがとても上手です。

　　她＿＿＿＿＿ [＿＿＿＿＿] ＿＿＿＿＿ ＿＿＿＿＿。

　　① 唱　　② 非常好　　③ 唱得　　④ 歌

4. 次の文章を読み，(1)～(6)の問いの答えとして最も適当なものを，それぞれ①～④の中から1つ選び，その番号を解答欄にマークしなさい。　　　　　　　　(20点)

　　在中国，很多人每天早上五、六点钟 (1) 起床。起床后，他们有的去自由市场买菜，有的去公园锻炼身体。中国的公园是人们锻炼身体的好地方。在公园里，有人打太极拳，有人跳舞、唱歌，还有人在跑步。

　　上个星期天的早上，我和三个同学 (2) 去我们学校附近的公园散步。我来北京留学已经四个月了，但是，这是我第一次去中国的公园。公园里人非常多，我们从来没见过公园里早上有这么多人。我们觉得太有意思了！我们都想学习打太极拳，看到一位老人 (3) 打太极拳，就过去问他，能不能教我们打太极拳。那位老人说当然可以。(4)老人热情地教了我们一个半小时的太极拳，我们都非常感谢他。太极拳很难学，但是我们打算下个星期天一定还要早起，去公园 (5) 老人学习打太极拳。

(1) 空欄(1)を埋めるのに適当なものは，次のどれか。
　　① 就　　　　② 也　　　　③ 又　　　　④ 再

(2) 空欄(2)を埋めるのに適当なものは，次のどれか。
　　① 一定　　　② 一共　　　③ 一起　　　④ 一直

(3) 空欄(3)を埋めるのに適当なものは，次のどれか。
　　① 还　　　　② 是　　　　③ 在　　　　④ 着

(4) 下線部(4)の意味として適当なものは，次のどれか。
　　① 老人はわたしたちに親切に1時間半太極拳を教えてくれた。
　　② 老人はわたしたちに親切に1回30分の太極拳を教えてくれた。
　　③ 老人はわたしたちに熱心に1時間半太極拳をさせた。
　　④ 老人はわたしたちに熱心に30分太極拳をさせた。

(5) 空欄(5)を埋めるのに適当なものは，次のどれか。
　　① 从　　　　② 跟　　　　③ 对　　　　④ 给

(6) 本文の内容と一致するものは，次のどれか。
　① 我们四个人经常来公园跑步。
　② 太极拳很难学，我们不学了。
　③ 一位老人问我们打没打过太极拳。
　④ 很多中国人很早就去公园锻炼。

5　(1)～(5)の日本語を中国語に訳し，漢字（簡体字）で解答欄に書きなさい。
　　（漢字は崩したり略したりせずに書き，文中・文末には句読点や疑問符をつけること。）

(20点)

(1) わたしはきょう車を運転できません。

(2) あなたは飛行機で行きますか，それとも船で行きますか。

(3) わたしはテニスをするのが好きです。

(4) わたしの携帯電話はかばんの中にあります。

(5) お父さんは寝ているところです。

リスニング

1

解答：(1)❷ (2)❸ (3)❶ (4)❹ (5)❷ (6)❶ (7)❶ (8)❷ (9)❸ (10)❷

一問一答：日常会話のなかでよく使われる問いの文に対して正確に答えることができるかどうかが問われています。

(5点×10)

04 (1) 問：小李，你喜欢吃日本菜吗？
　　　　Xiǎo Lǐ, nǐ xǐhuan chī Rìběncài ma?

李さん，あなたは日本料理は好きですか。

　　答：① 他喜欢吃日本菜。
　　　　Tā xǐhuan chī Rìběncài.

彼は日本料理が好きです。

　　　❷ 我不太喜欢吃日本菜。
　　　　Wǒ bú tài xǐhuan chī Rìběncài.

わたしは日本料理があまり好きではありません。

　　　③ 他喜欢吃中国菜。
　　　　Tā xǐhuan chī Zhōngguócài..

彼は中華料理が好きです。

　　　④ 我不喜欢吃中国菜。
　　　　Wǒ bù xǐhuan chī Zhōngguócài.

わたしは中華料理が好きではありません。

> "小李"と呼びかけて，"你"について尋ねているので，主語が"我"となっている②④が候補となります。④は"中国菜"について答えているので適当ではありません。日本料理について答えている②が正解です。

05 (2) 問：你在大学学的是什么？
　　　　Nǐ zài dàxué xué de shì shénme?

あなたが大学で勉強したのは何ですか。

　　答：① 我去中国留学。
　　　　Wǒ qù Zhōngguó liúxué.

わたしは中国に留学に行きます。

　　　② 我高中学的是汉语。
　　　　Wǒ gāozhōng xué de shì Hànyǔ.

わたしが高校で勉強したのは中国語です。

　　　❸ 我学的是经济。
　　　　Wǒ xué de shì jīngjì.

わたしが勉強したのは経済です。

　　　④ 我在大学写信。
　　　　Wǒ zài dàxué xiě xìn.

わたしは大学で手紙を書きます。

46

"在大学"と聞かれているので，②は除外されます。「何を勉強したか」を問うているので，"经济"が聞き取れれば正解の③が得られます。

06 (3) 問：这个图书馆有中文小说吗？ Zhège túshūguǎn yǒu Zhōngwén xiǎoshuō ma?　この図書館には中国語の小説はありますか。

答：❶ 没有，只有英文的。Méiyǒu, zhǐ yǒu Yīngwén de.　ありません，英語のしかありません。

② 图书馆里有很多中国老师。Túshūguǎn li yǒu hěn duō Zhōngguó lǎoshī.　図書館にはたくさんの中国人の先生がいます。

③ 中国有很多图书馆。Zhōngguó yǒu hěn duō túshūguǎn.　中国にはたくさんの図書館があります。

④ 现在看中文小说的人很多。Xiànzài kàn Zhōngwén xiǎoshuō de rén hěn duō.　今は中国語の小説を読む人が多いです。

「場所+"有"+人・モノ」という語順の存現文です。まず「ある」か「ない」かを答えなければならないので，①以外は除外されます。

07 (4) 問：我喝咖啡，你呢？ Wǒ hē kāfēi, nǐ ne?　わたしはコーヒーを飲みますが，あなたは？

答：① 你喝什么茶？ Nǐ hē shénme chá?　あなたはどんなお茶を飲みますか。

② 我也喝红茶。Wǒ yě hē hóngchá.　わたしも紅茶を飲みます。

③ 你喝咖啡吧。Nǐ hē kāfēi ba.　あなたはコーヒーを飲んでください。

❹ 我也喝咖啡。Wǒ yě hē kāfēi.　わたしもコーヒーを飲みます。

省略疑問文です。「あなたは？」と尋ねられているので，主語が"我"である②④が候補となります。副詞の"也"があるので，相手と同じ"喝咖啡"と答えている④を選びます。

08 (5) 問：我们明天去买东西，好吗？ Wǒmen míngtiān qù mǎi dōngxi, hǎo ma?　あした買い物に行きませんか。

答：① 今天天气真好。Jīntiān tiānqì zhēn hǎo.　きょうは天気が本当に良いです。

❷ 好，我们几点去？ Hǎo, wǒmen jǐ diǎn qù?　いいですよ，何時に行きますか。

第87回 解答と解説［リスニング］

47

③ 好，我们三个人也去。
Hǎo, wǒmen sān ge rén yě qù.
いいですよ，わたしたち3人も行きます。

④ 好，看什么电影？
Hǎo, kàn shénme diànyǐng?
いいですよ，どんな映画を観ますか。

"…好吗？"と提案されているので，①は除外されます。買い物に行く提案に対して映画の話をしていますので④も除外されます。また，③も"我们三个人"と，問いかけた人物が除外されているため適当ではありません。したがって，②が正解です。

09 (6) 問：他汉语说得怎么样？
Tā Hànyǔ shuōde zěnmeyàng?
彼は中国語を話すのはどうですか。

答：❶ 还可以，他已经会说简单的话了。Hái kěyǐ, tā yǐjīng huì shuō jiǎndān de huà le.
まあまあですよ，すでに簡単なことが話せるようになりました。

② 很好，我很喜欢这个颜色。
Hěn hǎo, wǒ hěn xǐhuan zhège yánsè.
いいですね，わたしはこの色が好きです。

③ 他在中国生活得很好。
Tā zài Zhōngguó shēnghuóde hěn hǎo.
彼は中国で快適に暮らしています。

④ 他中国菜做得还可以。
Tā Zhōngguócài zuòde hái kěyǐ.
彼は中華料理を作るのはまあまあです。

"怎么样？"と聞かれているので，どうであるかを答えていない③④は除外されます。質問文の主語は"他"なので，②も除外され，彼の中国語のレベルを答えている①が正解となります。

10 (7) 問：你哥哥比你大几岁？
Nǐ gēge bǐ nǐ dà jǐ suì?
あなたのお兄さんはあなたより何歳年上ですか。

答：❶ 他比我大两岁。
Tā bǐ wǒ dà liǎng suì.
兄はわたしより2歳年上です。

② 他比我小三岁。
Tā bǐ wǒ xiǎo sān suì.
兄はわたしより3歳年下です。

③ 他哥哥比我大一岁。
Tā gēge bǐ wǒ dà yí suì.
彼のお兄さんはわたしより1歳年上です。

④ 哥哥比他大三岁。
Gēge bǐ tā dà sān suì.
兄は彼より3歳年上です。

問いの文の主語は"你哥哥"ですから，答えの文の主語は"他"または"哥哥"となり，①②④が候補となります。お兄さんとわたしの年齢差を尋ねているので，"比我大两岁"と答えている①が正解となります。

11 (8) 問：你暑假想去什么地方？
　　　　 Nǐ shǔjià xiǎng qù shénme dìfang?
　　　　 あなたは夏休みにどこに行くつもりですか。

　　 答：① 我暑假去中国了。
　　　　　 Wǒ shǔjià qù Zhōngguó le.
　　　　　 わたしは夏休みに中国に行きました。

　　　　 ❷ 我打算去北京和上海。
　　　　　 Wǒ dǎsuan qù Běijīng hé Shànghǎi.
　　　　　 わたしは北京と上海に行くつもりです。

　　　　 ③ 我和妈妈一起去。
　　　　　 Wǒ hé māma yìqǐ qù.
　　　　　 わたしは母と一緒に行きます。

　　　　 ④ 我中午想吃面条。
　　　　　 Wǒ zhōngwǔ xiǎng chī miàntiáo.
　　　　　 わたしは昼は麺を食べたいです。

未来の願望を尋ねているので，①は除外されます。"什么地方"は，「どこ」という意味ですので，②が正解です。"打算"は「…するつもりだ，…する予定である」という未来のことを表します。③④は場所について答えていないので，適切ではありません。

12 (9) 問：你在干什么呢？
　　　　 Nǐ zài gàn shénme ne?
　　　　 あなたは何をしているのですか。

　　 答：① 我没看过韩国电影。
　　　　　 Wǒ méi kànguo Hánguó diànyǐng.
　　　　　 わたしは韓国映画を観たことがありません。

　　　　 ② 她昨天去学校了。
　　　　　 Tā zuótiān qù xuéxiào le.
　　　　　 彼女はきのう学校に行きました。

　　　　 ❸ 我在看报呢。
　　　　　 Wǒ zài kàn bào ne.
　　　　　 わたしは新聞を読んでいます。

　　　　 ④ 她在洗衣服呢。
　　　　　 Tā zài xǐ yīfu ne.
　　　　　 彼女は洗濯をしています。

質問文の主語は"你"なので，答えの文の主語は"我"となり，②④は除外されます。①も経験を表しているので除外されます。"在干什么呢？"という進行形の問いかけに対して"在看报呢"と進行形で答えている③が正解となります。

第87回　解答と解説　［リスニング］

49

13 ⑽ 問：你每天早上几点起床？　　　　　あなたは毎朝何時に起きますか。
　　　　Nǐ měi tiān zǎoshang jǐ diǎn qǐchuáng?

　　答：① 我明天要六点起来。　　　　　　わたしはあした6時に起きなけれ
　　　　Wǒ míngtiān yào liù diǎn qǐlai.　ばいけません。

　　　　❷ 我起床的时间每天都不一样。　　わたしが起きる時間は毎日違いま
　　　　Wǒ qǐchuáng de shíjiān měi tiān　す。
　　　　dōu bù yíyàng.

　　　　③ 我八点半吃早饭。　　　　　　　わたしは8時半に朝ごはんを食べ
　　　　Wǒ bā diǎn bàn chī zǎofàn.　　　ます。

　　　　④ 早上我没有什么事情。Zǎoshang　朝わたしは何も用事はありませ
　　　　wǒ méiyǒu shénme shìqing.　　　ん。

　　"每天早上" と "起床" が聞き取れると①③④は除外され，正解は②
　が得られるはずです。

2 長文聴解：

解答：(1)❷　(2)❶　(3)❶　(4)❷　(5)❸　(6)❸　(7)❶　(8)❷　(9)❶　(10)❸

会話文の聞き取り：甥の誕生日プレゼントの買い物に付き合ってもらう相談です。
二人のやり取りの内容に注意して聞き取りましょう。まとまった分量の会話につい
ていけるかどうかが問われています。　　　　　　　　　　　　　　　(5点×10)

15　男：你明天能跟我一起去买东西吗？　　Nǐ míngtiān néng gēn wǒ yìqǐ qù mǎi
　　　　　　　　　　　　　　　　　　　　dōngxi ma?

　　女：明天不行，我下午有课　　　　　　Míngtiān bùxíng, wǒ xiàwǔ yǒu kè.

　　男：你们星期天也上课啊？　　　　　　Nǐmen xīngqītiān yě shàngkè a?

　　女：⑴我以为今天是星期五呢。你要买　Wǒ yǐwéi jīntiān shì xīngqīwǔ ne. Nǐ　　5
　　　　什么？　　　　　　　　　　　　　yào mǎi shénme?

　　男：⑵我想给哥哥的孩子买生日礼物。　Wǒ xiǎng gěi gēge de háizi mǎi shēngrì
　　　　　　　　　　　　　　　　　　　　lǐwù.

　　女：你哥哥的孩子是男孩儿，还是女　　Nǐ gēge de háizi shì nánháir, háishi nǚ-
　　　　孩儿？　　　　　　　　　　　　　háir?　　　　　　　　　　　　　　　10

　　男：是男孩儿，今年七岁了。　　　　　Shì nánháir, jīnnián qī suì le.

　　女：你打算买什么礼物呢？　　　　　　Nǐ dǎsuan mǎi shénme lǐwù ne?

50

16 男：(3)我想给他买一件衣服。　　　　　Wǒ xiǎng gěi tā mǎi yí jiàn yīfu.
　　 女：我觉得书或者书包更好。　　　　　Wǒ juéde shū huòzhě shūbāo gèng hǎo.
　　 男：那就买一个好一点儿的书包吧。　　Nà jiù mǎi yí ge hǎo yìdiǎnr de shūbāo ba.

　　 女：(4)明天上午十点半我去找你。　　　Míngtiān shàngwǔ shí diǎn bàn wǒ qù zhǎo nǐ.
　　 男：买完东西，我请你吃饭，怎么样？　Mǎiwán dōngxi, wǒ qǐng nǐ chī fàn, zěnmeyàng?
　　 女：(5)不用吃饭，喝杯咖啡就可以了。　Búyòng chī fàn, hē bēi kāfēi jiù kěyǐ le.
　　 男：(5)好，就这么定了。　　　　　　　Hǎo, jiù zhème dìng le.

訳：
男性：あしたわたしと一緒に買い物に行ってくれますか。
女性：あしたはだめです，午後授業があるので。
男性：日曜日も授業があるのですか。
女性：(1)きょうは金曜日だと思っていました。何を買うつもりですか。
男性：(2)兄の子供に誕生日プレゼントを買ってやりたいのです。
女性：お兄さんのお子さんは男の子ですか，それとも女の子ですか。
男性：男の子で，今年7歳になります。
女性：どんなプレゼントを買うつもりですか。
男性：(3)洋服を買ってやろうと思っています。
女性：わたしは本かかばんのほうがもっと良いと思います。
男性：ではちょっと上等のかばんを買いましょう。
女性：(4)あす午前10時半にあなたの所に訪ねて行きます。
男性：買い物が終わったら，食事をごちそうしたいのですが，どうですか。
女性：(5)ごちそうくださるには及びません。コーヒーでも頂けば十分です。
男性：(5)分かりました，ではそういうことにしましょう。

17 (1) 問：两个人说话的时候是星期几？　　　2人が話をしているのは何曜日ですか。
　　　　　　Liǎng ge rén shuōhuà de shíhou shì xīngqī jǐ?

　　　　答：① 星期五。Xīngqīwǔ.　　　　　　　金曜日。
　　　　　　❷ 星期六。Xīngqīliù.　　　　　　　土曜日。
　　　　　　③ 星期天。Xīngqītiān.　　　　　　日曜日。
　　　　　　④ 星期一。Xīngqīyī.　　　　　　　月曜日。

　　　　5行目で女性が言っている"我以为今天是星期五呢"を聞き取ります。

51

18 (2) 問：男的打算给谁买礼物？
　　　　Nán de dǎsuan gěi shéi mǎi lǐwù?

　　答：❶ 哥哥的孩子。Gēge de háizi.　　　　お兄さんの子供。

　　　　② 自己的朋友。Zìjǐ de péngyou.　　　自分の友達。

　　　　③ 自己的孩子。Zìjǐ de háizi.　　　　自分の子供。

　　　　④ 孩子的朋友。Háizi de péngyou.　　子供の友達。

男性は誰にプレゼントを買うつもりですか。

　　7行目で男性が言っている"我想给哥哥的孩子买生日礼物"を聞き取ります。

19 (3) 問：男的打算买什么礼物？
　　　　Nán de dǎsuan mǎi shénme lǐwù?

　　答：❶ 衣服。Yīfu.　　洋服。

　　　　② 食品。Shípǐn.　　食べ物。

　　　　③ 钱包。Qiánbāo.　　財布。

　　　　④ 词典。Cídiǎn.　　辞書。

男性はどんなプレゼントを買うつもりでしたか。

　　13行目で男性が言っている"我想给他买一件衣服"を聞き取ります。

20 (4) 問：两个人准备明天几点去买东西？ Liǎng ge rén zhǔnbèi míngtiān jǐ diǎn qù mǎi dōngxi?

　　答：① 下午四点半。Xiàwǔ sì diǎn bàn.　　午後4時半。

　　　　❷ 上午十点半。Shàngwǔ shí diǎn bàn.　午前10時半。

　　　　③ 下午一点半。Xiàwǔ yì diǎn bàn.　　午後1時半。

　　　　④ 中午十二点。Zhōngwǔ shí'èr diǎn.　昼12時。

2人はあす何時に買い物に行くつもりですか。

　　17行目で女性が言っている"明天上午十点半我去找你"を聞き取ります。

21 (5) 問：买完东西以后两个人决定做什么？
　　　　Mǎiwán dōngxi yǐhòu liǎng ge rén juédìng zuò shénme?

　　答：① 男的请女的吃晚饭。
　　　　　Nán de qǐng nǚ de chī wǎnfàn.

買い物が終わってから2人は何をすることに決めましたか。

男性が女性に夕食をごちそうする。

52

② 女的请男的吃晚饭。
　　Nǚ de qǐng nán de chī wǎnfàn.
❸ 男的请女的喝咖啡。
　　Nán de qǐng nǚ de hē kāfēi.
④ 女的请男的喝咖啡。
　　Nǚ de qǐng nán de hē kāfēi.

女性が男性に夕食をごちそうする。

男性が女性にコーヒーをごちそうする。

女性が男性にコーヒーをごちそうする。

21行目で女性が言っている"不用吃饭，喝杯咖啡就可以了"と，それに対する男性の答えである最後の行の"好，就这么定了"を聞き取ります。

文章の聞き取り：アメリカ在住の中国人家庭の姉弟が家族で工夫しながら中国語を覚える努力をしています。

29　　我叫李乐乐，(6)今年11岁，在美国上小学5年级，我弟弟今年4岁。爸爸的老家在西安，妈妈的老家在上海。我会说普通话，也会说一点儿上海话，但是我不太会写汉字。(7)弟弟的汉语没有我好，他只会说一点儿普通话。

30　　(8)妈妈每年暑假都带我和弟弟回国。放寒假的时候，如果爸爸工作不忙，我们全家人就一起回去。除了西安和上海以外，我还去过北京和四川。(9)我最喜欢的地方是西安，因为那里的饺子特别好吃。

　　每次从中国回来以后，妈妈都让弟弟用汉语给爷爷、奶奶、姥爷、姥姥打电话，(10)让我用中文给他们写信。通过这样的方法，我会写的汉字越来越多，弟弟的汉语水平也越来越高了。

　　Wǒ jiào Lǐ Lèlè, jīnnián shíyī suì, zài Měiguó shàng xiǎoxué wǔ niánjí, wǒ dìdi jīnnián sì suì. Bàba de lǎojiā zài Xī'ān, māma de lǎojiā zài Shànghǎi. Wǒ huì shuō pǔtōnghuà, yě huì shuō yìdiǎnr Shànghǎihuà, dànshì wǒ bú tài huì xiě Hànzì. Dìdi de Hànyǔ méiyǒu wǒ hǎo, tā zhǐ huì shuō yìdiǎnr pǔtōnghuà.

　　Māma měi nián shǔjià dōu dài wǒ hé dìdi huí guó. Fàng hánjià de shíhou, rúguǒ bàba gōngzuò bù máng, wǒmen quánjiārén jiù yìqǐ huíqu. Chúle Xī'ān hé Shànghǎi yǐwài, wǒ hái qùguo Běijīng hé Sìchuān. Wǒ zuì xǐhuan de dìfang shì Xī'ān, yīnwei nàli de jiǎozi tèbié hǎochī.

　　Měi cì cóng Zhōngguó huílai yǐhòu, māma dōu ràng dìdi yòng Hànyǔ gěi yéye、nǎinai、lǎoye、lǎolao dǎ diànhuà, ràng wǒ yòng Zhōngwén gěi tāmen xiě xìn. Tōngguò zhèyàng de fāngfǎ, wǒ huì xiě de Hànzì yuè lái yuè duō, dìdi de Hànyǔ shuǐpíng yě yuè lái yuè gāo le.

53

訳：わたしは李楽楽と言い，(6)今年11歳で，アメリカの小学5年生で，弟は今年4歳です。お父さんの故郷は西安，お母さんの故郷は上海です。わたしは普通話を話せ，上海語も少し話せますが，漢字はあまり書けません。(7)弟はわたしほど中国語がうまくなく，少ししか普通話を話すことができません。

(8)お母さんは毎年夏休みにわたしと弟を連れて帰国します。冬休みは，お父さんの仕事が忙しくなければ，一家で一緒に帰国します。西安と上海以外に，わたしは北京と四川に行ったことがあります。(9)わたしが一番好きな場所は西安で，なぜならそこのギョーザがとてもおいしいからです。

毎回中国から戻ってくると，お母さんは弟に両方のおじいさん，おばあさんに電話をかけるように言い，(10)わたしには中国語で手紙を書くように言います。このような方法によって，わたしが書ける漢字はだんだん多くなり，弟の中国語のレベルもだんだん高くなりました。

31 (6) 問：我弟弟比我小几岁？
　　　　Wǒ dìdi bǐ wǒ xiǎo jǐ suì?

　　答：① 4 岁。　　Sì suì.　　　　4歳。
　　　　② 5 岁。　　Wǔ suì.　　　　5歳。
　　　　❸ 7 岁。　　Qī suì.　　　　7歳。
　　　　④ 11 岁。　　Shíyī suì.　　11歳。

弟はわたしより何歳年下ですか。

　　1行目の名前に続く"今年11岁，在美国上小学5年级，我弟弟今年4岁"を聞き取ります。

32 (7) 問：弟弟的汉语水平怎么样？
　　　　Dìdi de Hànyǔ shuǐpíng zěnmeyàng?

弟の中国語のレベルはどうですか。

　　答：❶ 弟弟只会说一点儿普通话。
　　　　　Dìdi zhǐ huì shuō yìdiǎnr pǔtōnghuà.
　　　　　弟は少しだけ普通話が話せる。
　　　　② 弟弟只会说一点儿上海话。
　　　　　Dìdi zhǐ huì shuō yìdiǎnr Shànghǎihuà.
　　　　　弟は少しだけ上海語が話せる。
　　　　③ 弟弟会说，也会写一点儿。
　　　　　Dìdi huì shuō, yě huì xiě yìdiǎnr.
　　　　　弟は話せるし，書くことも少しできる。
　　　　④ 弟弟会说，但一点儿也不会写。
　　　　　Dìdi huì shuō, dàn yìdiǎnr yě bú huì xiě.
　　　　　弟は話せるが，少しも書くことができない。

　　3行目の"弟弟的汉语没有我好，他只会说一点儿普通话"を聞き取ります。

54

33 (8) 問：我和弟弟每年什么时候回国？ わたしと弟は毎年いつ帰国しますか。
Wǒ hé dìdi měi nián shénme shíhou huí guó?

答：① 每年寒假。 毎年冬休み。
Měi nián hánjià.

❷ 每年暑假。 毎年夏休み。
Měi nián shǔjià.

③ 爸爸不忙的时候。 お父さんが忙しくない時。
Bàba bù máng de shíhou.

④ 妈妈工作很忙的时候。 お母さんが仕事が忙しい時。
Māma gōngzuò hěn máng de shíhou.

4行目の"妈妈每年暑假都带我和弟弟回国"を聞き取ります。

34 (9) 問：我为什么最喜欢西安？ わたしはなぜ西安が一番好きなのですか。
Wǒ wèi shénme zuì xǐhuan Xī'ān?

答：❶ 因为我喜欢吃那里的饺子。 そこのギョーザを食べるのが好きだから。
Yīnwei wǒ xǐhuan chī nàli de jiǎozi.

② 因为那里是妈妈的老家。 そこはお母さんの故郷だから。
Yīnwei nàli shì māma de lǎojiā.

③ 因为我还没有去过。 わたしはまだ行ったことがないから。
Yīnwei wǒ hái méiyou qùguo.

④ 因为我很想去一次。 わたしは一度行ってみたいから。
Yīnwei wǒ hěn xiǎng qù yí cì.

5〜6行目の"我最喜欢的地方是西安，因为那里的饺子特别好吃"を聞き取ります。

35 (10) 問：每次从中国回来以后，妈妈都让我做什么？ 毎回中国から戻ってくると、お母さんはわたしに何をするように言いますか。
Měi cì cóng Zhōngguó huílai yǐhòu, māma dōu ràng wǒ zuò shénme?

答：① 多跟弟弟说汉语。 弟とたくさん中国語で話す。
Duō gēn dìdi shuō Hànyǔ.

② 教弟弟写汉字。 弟に漢字の書き方を教える。
Jiāo dìdi xiě Hànzì.

❸ 用汉语给爷爷他们写信。 中国語でおじいさんたちに手紙を書く。
Yòng Hànyǔ gěi yéye tāmen xiě xìn.

④ 用汉语给奶奶她们打电话。　　中国語でおばあさんたちに電話
　　Yòng Hànyǔ gěi nǎinai tāmen dǎ　をかける。
　　diànhuà.

8行目の"让我用中文给他们写信"を聞き取ります。

筆 記

1

解答：1. (1) ❹　(2) ❶　(3) ❷　(4) ❹　(5) ❸　2. (6) ❸　(7) ❶　(8) ❷　(9) ❶　(10) ❹

1. 発音　声調の組み合わせ：2音節の単語の声調パターンが身についているかどうかを問われています。2音節の単語は104頁の「2音節語の声調の組み合わせ」によって，繰り返し練習してパターンを身に付けましょう。　　　　　　　（2点×5）

(1) 书架 shūjià　　　　① 企业 qǐyè　　　　（企業）
　　（本棚）　　　　　② 电脑 diànnǎo　　（パソコン）
　　　　　　　　　　　③ 大概 dàgài　　　（およそ，おおかた）
　　　　　　　　　　　❹ 车站 chēzhàn　　（駅，停留所）

(2) 父母 fùmǔ　　　　❶ 报纸 bàozhǐ　　　（新聞）
　　（両親）　　　　　② 词典 cídiǎn　　　（辞書）
　　　　　　　　　　　③ 黑板 hēibǎn　　　（黒板）
　　　　　　　　　　　④ 帮助 bāngzhù　　（助ける）

(3) 录音 lùyīn　　　　① 动物 dòngwù　　　（動物）
　　（録音）　　　　　❷ 汽车 qìchē　　　　（自動車）
　　　　　　　　　　　③ 辛苦 xīnkǔ　　　　（苦労する，つらい）
　　　　　　　　　　　④ 香烟 xiāngyān　　（タバコ）

(4) 滑雪 huáxuě　　　① 杂志 zázhì　　　　（雑誌）
　　（スキーをする）　② 考试 kǎoshi　　　（試験／試験をする）
　　　　　　　　　　　③ 能力 nénglì　　　（能力）
　　　　　　　　　　　❹ 游泳 yóuyǒng　　（泳ぐ）

(5) 小时 xiǎoshí　　　① 打开 dǎkāi　　　　（開く，開ける）
　　（…時間）　　　　② 米饭 mǐfàn　　　　（ごはん）
　　　　　　　　　　　❸ 有名 yǒumíng　　（有名だ）
　　　　　　　　　　　④ 习惯 xíguàn　　　（慣れる）

57

2. 発音　声母・韻母のピンイン表記：ピンインでつづられた音節を正確に発音することができるかどうか。
(2点×5)

(6) 信封（封筒）
① xìngfēn　　② xìngfēng　　❸ xìnfēng　　④ xìnfēn

(7) 广播（放送／放送する）
❶ guǎngbō　　② kuāngpō　　③ guǎnpō　　④ kuǎnbō

(8) 介绍（紹介する）
① jièxiào　　❷ jièshào　　③ juèxiào　　④ juéshào

(9) 愉快（愉快だ）
❶ yúkuài　　② yíkuài　　③ yúguài　　④ yíguài

(10) 照相（写真を撮る）
① chàoxiàng　　② jiàoxiàng　　③ zhàoxiàn　　❹ zhàoxiàng

2

解答：(1)❶　(2)❸　(3)❶　(4)❷　(5)❹　(6)❷　(7)❹　(8)❸　(9)❷　(10)❷

空欄補充：空欄に入る語はいずれも文法上のキーワードである。
(2点×10)

(1) 他昨天（又）来了。　　　　　　　彼はきのうまた来ました。
Tā zuótiān yòu lái le.

❶ 又 yòu　　② 再 zài　　③ 不 bù　　④ 没 méi

> 副詞の問題です。時間詞の"昨天"と文末の"了"から，すでに実現済みのことについて「また」という場合に使う①の"又"を選びます。②"再"も動作の繰り返しを表しますが，この語は未来の動作に用います。③"不"は過去の事柄に用いず，④"没"は，一般には"了"を伴いません。

(2) 桌子上放（着）一本书。　　　　　机の上に1冊の本が置いてあります。
Zhuōzi shang fàngzhe yì běn shū.

① 呢 ne　　② 在 zài　　❸ 着 zhe　　④ 到 dào

> 「場所＋動詞＋モノ」という語順の存現文で，"放"（置く）という動作の結果状態が持続することを表しているので，③の"着"が正解とな

58

ります。①"呢"は進行を表す文や反復疑問文などの文末に置く助詞，②"在"は「…にある」という動詞のほか，介詞（前置詞），副詞の用法があり，④"到"は動詞および結果補語として使います。

(3) 请给我两（张）纸。　　　　　　　　わたしに紙を2枚下さい。
Qǐng gěi wǒ liǎng zhāng zhǐ.

❶ 张 zhāng　　② 篇 piān　　③ 把 bǎ　　④ 棵 kē

量詞（助数詞）の問題です。"纸"を数えるときに用いる量詞は"张"です。②"篇"は小説や文章，③"把"は傘やナイフなど握る部分のあるもの，④"棵"は草木・野菜などを数えるときに用います。

(4) 我家（离）学校很远。　　　　　　　わたしの家は学校から遠いです。
Wǒ jiā lí xuéxiào hěn yuǎn.

① 往 wǎng　　❷ 离 lí　　③ 从 cóng　　④ 在 zài

介詞（前置詞）の問題です。2点間の距離の遠近をいう場合は"离"を使います。①"往"は動作が向かう方向を，③"从"は時間的・空間的な起点を，④"在"は動作の行われる場所を導く介詞です。

(5) 我（给）妈妈写信。　　　　　　　　わたしはお母さんに手紙を書きます。
Wǒ gěi māma xiě xìn.

① 朝 cháo　　② 对 duì　　③ 向 xiàng　　❹ 给 gěi

これも介詞の問題です。「誰々に，誰々のために」と受益者を表すときには"给"を用います。①"朝"は動作の方向を，②"对"は「…に対して，…について」と対象を，③"向"は動作の向かう方向や相手を導く介詞です。

(6) 我没去（过）美国。　　　　　　　　わたしはアメリカに行ったことがありません。
Wǒ méi qùguo Měiguó.

① 了 le　　❷ 过 guo　　③ 着 zhe　　④ 的 de

助詞の問題です。副詞"没"で否定された動詞"去"の後ろにくる助詞は経験を表す"过"ですから，正解は②"过"です。①"了"は動作の完了を，③"着"は動作の持続を表し，④"的"は「修飾語＋名詞」

59

の形で連体修飾語を構成する語としてや，"是…的"構文の形で用いられます。

(7) 这个字（怎么）念?　　　　　　　　　この字はどう読みますか。
　　Zhège zì zěnme niàn?

　　① 哪儿 nǎr　　　　　　　　② 为什么 wèi shénme
　　③ 什么 shénme　　　　　　❹ 怎么 zěnme

　　　疑問詞の問題です。①"哪儿"は「どこ」，②"为什么"は「なぜ，どうして」，③"什么"は「なに，どんな」，④"怎么"は「なぜ，どのように」という意味です。"念"という動詞が後に続くので，方法を問う④の"怎么"が正解となります。

(8) 富士山有（多）高?　　　　　　　　富士山はどのくらいの高さですか。
　　Fùshì Shān yǒu duō gāo?

　　① 什么 shénme　② 几 jǐ　　❸ 多 duō　　④ 怎么 zěnme

　　　"多"は"高""大""长""远"など単音節の形容詞と結んで，「どれだけ，どれほど」という程度や数量を問う疑問文に用います。この文のように"多"の前に"有"が置かれることもあります。①"什么"は「なに，どんな」，②"几"は主として1桁の数量を，④"怎么"は原因・方法を尋ねる疑問詞です。

(9) 快放假（了）。　　　　　　　　　　もうすぐ休みです。
　　Kuài fàngjià le.

　　① 呢 ne　　　❷ 了 le　　　③ 着 zhe　　　④ 的 de

　　　"快…了"は「もうすぐ…する」「間もなく…になる」というこれからの動作や状態を表すときの文型で，②の"了"が正解です。①"呢"は進行を表す文や反復疑問文などの文末に置く助詞，③"着"は動作の結果状態の持続を表す助詞，④"的"は「修飾語＋名詞」の形で連体修飾語を構成する語としてや，"是…的"構文の形で用いられます。

(10) 你明天（不用）来。　　　　　　　あなたはあした来なくてもいいです。
　　Nǐ míngtiān búyòng lái.

　　① 不会 bú huì　❷ 不用 búyòng　③ 不想 bù xiǎng　④ 不是 bú shì

「…しなくてもよい，…する必要はない」を表す②の"不用"が正解です。①"不会"は「…できない，…するはずがない」，③"不想"は「…したくない」，④"不是"は「…でない」という意味です。

3

解答：1.⑴❸ ⑵❶ ⑶❷ ⑷❹ ⑸❶ 2.⑹❸ ⑺❷ ⑻❸ ⑼❶ ⑽❹

1. 日文中訳（語順選択）：文法上のキーワードを含む基本的な文を正確に組み立てることができるかどうかが問われています。 (2点×5)

⑴ 少しゆっくり話してください。

① 请一点儿说慢。

② 请说一点儿慢。

❸ 请慢一点儿说。Qǐng màn yìdiǎnr shuō.

④ 请一点儿慢说。

「少しゆっくり」は"慢一点儿"と，量を表す"一点儿"を形容詞の後に置きます。「"快／慢（一）点儿"＋動詞」の形で「速く／ゆっくり…する」という意味を表します。

⑵ きょうはきのうほど暑くありません。

❶ 今天没有昨天那么热。Jīntiān méiyǒu zuótiān nàme rè.

② 今天没有那么热昨天。

③ 今天没有热昨天那么。

④ 今天没有昨天热那么。

「AはBほど…でない」という比較の否定形は，「A＋"没有"＋B（＋"这么／那么"）＋形容詞」の語順を取ります。

⑶ きょうわたしは自転車で学校に行くつもりです。

① 我今天打算去骑车学校。

❷ 今天我打算骑车去学校。Jīntiān wǒ dǎsuan qí chē qù xuéxiào.

③ 今天我骑车打算去学校。

④ 我今天去学校打算骑车。

61

　　　　　"打算"は動詞フレーズを目的語に取ります。「自転車で学校に行く」
　　　　は"骑车去学校"と動作の行われる順に並べるので，正解は②です。

(4) 彼は先生にいくつか質問をしました。
　　① 他老师问了几个问题。
　　② 他几个问题问老师了。
　　③ 他问了几个问题老师。
　❹ 他问了老师几个问题。Tā wènle lǎoshī jǐ ge wèntí.

　　　　"问"という動詞は二つの目的語を取ることができます。目的語を並
　　　べる順序は通常「…に」と人を表す間接目的語が先で，「…を」とモノ
　　　を表す直接目的語が後です。したがって，④が正解です。

(5) 彼らもみな中国語を勉強しているのですか。
　❶ 他们也都学习汉语吗？　Tāmen yě dōu xuéxí Hànyǔ ma?
　　② 他们都也学习汉语吗？
　　③ 他们也学习都汉语吗？
　　④ 他们都学习也汉语吗？

　　　　副詞"也"は「…もまた」，"都"はその前に置かれる複数の意味を表
　　　すことば（ここでは"他们"）をまとめる働きをします。この2語が同
　　　時に用いられるときは"也都"の語順に並べます。したがって，正解は
　　　①です。

2. 日文中訳（語順整序）：与えられた語句を用いて正確に文を組み立てることが
できるかどうかが問われています。　　　　　　　　　　　　　　　　(2点×5)

(6) わたしたちの学校に新しい先生が1人来られました。
　　我们　④ 学校　② 来了　[　❸一位　]　① 新老师。
　　Wǒmen xuéxiào láile yí wèi xīn lǎoshī.

　　　　「…に…が存在する」あるいは「…に…が出現する」ということを表
　　　現するには存現文を用います。存現文の語順は「場所／時間＋その他の
　　　成分＋動詞＋人／モノ」です。この文では"我们学校"が場所，"来"
　　　が動詞，"了"がその他の成分，"新老师"が存在する人です。したがって，
　　　正解は③です。

(7) もう一杯どうぞ。

　　③ 再　④ 喝　[❷一杯]　① 吧。
　　Zài hē yì bēi ba.

> 動作の回数や分量を表す語は動詞の後に置きます。正解は②です。"再"は副詞で動詞の前に置き，「さらに，もっと」という意味を表します。

(8) この服はあの服より少し高い。

　　这件衣服　① 比　② 那件衣服　④ 贵　[❸一点儿]。
　　Zhè jiàn yīfu bǐ nà jiàn yīfu guì yìdiǎnr.

> 比較して差があることをいう文の表現は通常「A+"比"+B+形容詞+差量」です。"一点儿"は「少し」という数量を表し，動詞や形容詞の後に置かれます。したがって，③が正解です。

(9) 彼らは教室で宿題をしています。

　　他们　③ 在　② 教室　[❶做]　④ 作业呢。
　　Tāmen zài jiàoshì zuò zuòyè ne.

> 中国語の進行形の文型は「主語+"在"+動詞+目的語+"呢"」です。したがって，正解は①です。なお，"在"の代わりに"正在"あるいは"正"の場合もあり，文末の"呢"を省略することもあります。

(10) 彼女は歌を歌うのがとても上手です。

　　她　① 唱　[❹歌]　③ 唱得　② 非常好。
　　Tā chàng gē chàngde fēicháng hǎo.

> 動作のしかたがどうであるかをいう様態補語の文です。目的語がある場合は動詞を繰り返して「主語+動詞+目的語+動詞+"得"+形容詞など」の語順になります。正解は④です。

4 長文読解

解答：(1)❶　(2)❸　(3)❸　(4)❶　(5)❷　(6)❹

空欄補充と内容理解：まとまった内容をもつ長文を正確に理解しているかどうかを，キーワードを正しく空欄に補充させることによって問うています。

(6)在中国，很多人每天早上五、六点钟 (1)就 起床。起床后，他们有的去自由市场买菜，有的去公园锻炼身体。中国的公园是人们锻炼身体的好地方。在公园里，有人打太极拳，有人跳舞、唱歌，还有人在跑步。

上个星期天的早上，我和三个同学 (2)一起 去我们学校附近的公园散步。我来北京留学已经四个月了，但是，这是我第一次去中国的公园。公园里人非常多，我们从来没见过公园里早上有这么多人。我们觉得太有意思了！我们都想学习打太极拳，看到一位老人 (3)在 打太极拳，就过去问他，能不能教我们打太极拳。那位老人说当然可以。(4)老人热情地教了我们一个半小时的太极拳，我们都非常感谢他。太极拳很难学，但是我们打算下个星期天一定还要早起，去公园 (5)跟 老人学习打太极拳。

(6) Zài Zhōngguó, hěn duō rén měi tiān zǎoshang wǔ、liù diǎn zhōng jiù qǐchuáng. Qǐchuáng hòu, tāmen yǒude qù zìyóu shìchǎng mǎi cài, yǒude qù gōngyuán duànliàn shēntǐ. Zhōngguó de gōngyuán shì rénmen duànliàn shēntǐ de hǎo dìfang. Zài gōngyuán li, yǒu rén dǎ tàijíquán, yǒu rén tiàowǔ、chàng gē, hái yǒu rén zài pǎobù.

Shàng ge xīngqītiān de zǎoshang, wǒ hé sān ge tóngxué yìqǐ qù wǒmen xuéxiào fùjìn de gōngyuán sànbù. Wǒ lái Běijīng liúxué yǐjīng sì ge yuè le, dànshì, zhè shì wǒ dì yī cì qù Zhōngguó de gōngyuán. Gōngyuán li rén fēicháng duō, wǒmen cónglái méi jiànguo gōngyuán li zǎoshang yǒu zhème duō rén. Wǒmen juéde tài yǒu yìsi le! Wǒmen dōu xiǎng xuéxí dǎ tàijíquán, kàndào yí wèi lǎorén zài dǎ tàijíquán, jiù guòqu wèn tā, néng bu néng jiāo wǒmen dǎ tàijíquán. Nà wèi lǎorén shuō dāngrán kěyǐ. (4) Lǎorén rèqíng de jiāole wǒmen yí ge bàn xiǎoshí de tàijíquán, wǒmen dōu fēicháng gǎnxiè tā. Tàijíquán hěn nán xué, dànshì wǒmen dǎsuan xià ge xīngqītiān yídìng hái yào zǎoqǐ, qù gōngyuán gēn lǎorén xuéxí dǎ tàijíquán.

訳：(6)中国では多くの人が毎朝5時か6時には起きます。起きてから，自由市場に買い物に行く人もいれば，公園に行って体を鍛える人もいます。中国の公園は人々が体を鍛えるには良い場所です。公園の中では，太極拳をしている人，踊ったり歌ったりしている人，ジョギングをしている人もいます。

先週の日曜日の朝，わたしは3人のクラスメイトと一緒に学校の近くの公園に散歩に行きました。わたしは北京に留学に来てもう4か月になりますが，今回初めて中国の公園に行きました。公園の中は人が非常に多く，わたしたちは今まで公園に朝こんなにたくさんの人がいるのを見たことがありませんでした。わたしたちは本当に面白いと思いました！わたしたちは太極拳を学びたく

て，ある老人が太極拳をしているのが目に入ったので，その老人のところに行って，太極拳を教えてもらえないか尋ねました。老人は「もちろんいいですよ」と言いました。(4)老人はわたしたちに親切に1時間半太極拳を教えてくれ，わたしたちはみな老人にとても感謝しました。太極拳はとても学びにくいですが，わたしたちは来週の日曜日も絶対に早起きして，公園に行って老人から太極拳を学ぶつもりです。

(1) 空欄補充 (3点)

❶ 就 jiù　　② 也 yě　　③ 又 yòu　　④ 再 zài

①"就"は「すぐ」，②"也"は「…も」，③"又"は「また」（すでに実現された動作の繰り返し），④"再"は「また」（まだ実現されていない動作の繰り返し）を表します。時間的に早いことを表す①の"就"が正解です。

(2) 空欄補充 (3点)

① 一定 yídìng　　② 一共 yígòng　　❸ 一起 yìqǐ　　④ 一直 yìzhí

ここは「クラスメイトと一緒に散歩に行った」という意味です。「…と一緒に…する」は「"和"＋人物＋"一起"＋動詞」と表現します。したがって，③の"一起"が正解です。①"一定"は「きっと」，②"一共"は「全部で」，④"一直"は「ずっと，まっすぐに」という意味です。

(3) 空欄補充 (3点)

① 还 hái　　② 是 shì　　❸ 在 zài　　④ 着 zhe

ここは「太極拳をしている」の意ですから，動詞"打"の前には進行形を作る副詞"在"が入ります。②"是"と④"着"は動詞の前には来ません。①"还"は「なお，まだ」という意味です。

(4) 下線部解釈 (4点)

❶ 老人はわたしたちに親切に1時間半太極拳を教えてくれた。
② 老人はわたしたちに親切に1回30分の太極拳を教えてくれた。
③ 老人はわたしたちに熱心に1時間半太極拳をさせた。
④ 老人はわたしたちに熱心に30分太極拳をさせた。

中国語の"热情"は「親切である」という形容詞です。"地"は連用修飾語を作り，"热情地…"で「親切に…する」となります。

(5) 空欄補充 (3点)

① 从 cóng　　❷ 跟 gēn　　③ 对 duì　　④ 给 gěi

　　介詞の問題です。ここは「…から教わる」という意味ですから，動作の相手を導く②の"跟"が入ります。①"从"は動作の起点を表す「…から」，③"对"は「…に，…について」，④"给"は「…のために」という意味です。

(6) 内容の一致 (4点)

① 我们四个人经常来公园跑步。
Wǒmen sì ge rén jīngcháng lái gōngyuán pǎobù.
わたしたち4人はよく公園にジョギングをしに来ます。

② 太极拳很难学，我们不学了。
Tàijíquán hěn nánxué, wǒmen bù xué le.
太極拳は学ぶのが難しいので，わたしたちは学ぶのをやめました。

③ 一位老人问我们打没打过太极拳。
Yí wèi lǎorén wèn wǒmen dǎ méi dǎguo tàijíquán.
ある老人がわたしたちに太極拳をしたことがあるか聞きました。

❹ 很多中国人很早就去公园锻炼。
Hěn duō Zhōngguórén hěn zǎo jiù qù gōngyuán duànliàn.
多くの中国人は早くから公園に体を鍛えに行きます。

　　本文1行目に"在中国，很多人每天早上五、六点钟就起床"とありますから，④が正解です。

5 日文中訳（記述式） (4点×5)

(1) わたしはきょう車を運転できません。
我今天不能开车。Wǒ jīntiān bù néng kāi chē.

　　「車の運転ができない」は運転の技術を持っていなくて「できない」という場合には"不会"ですが，何らかの理由で，あるいは条件が整っていなくてできないという場合は"不能"を使います。この文は何らか

の事情があって運転できないと考えられますので，"不能"を使います。

(2) あなたは飛行機で行きますか，それとも船で行きますか。
你坐飞机去，还是坐船去？ Nǐ zuò fēijī qù, háishi zuò chuán qù?

　　「Aか，それともBか」と聞く選択疑問文の文型は"A还是B"です。文末に更に"吗"をつけてはいけません。「…で行く」は，動詞"坐"を用いてそれぞれ"坐飞机去"，"坐船去"となります。

(3) わたしはテニスをするのが好きです。
我喜欢打网球。 Wǒ xǐhuan dǎ wǎngqiú.

　　「…するのが好きだ」は，「"喜欢"＋動詞（句）」の形を用いて表します。"喜欢"の代わりに"爱 ài"を使ってもかまいません。

(4) わたしの携帯電話はかばんの中にあります。
我的手机在书包里。 Wǒ de shǒujī zài shūbāo li.

　　人やモノの所在を表す文は，「人・モノ＋"在"＋場所」の語順になります。「Aは…にある・いる」というように所在を説明する場合は，「A＋"在"＋場所」と表現します。「…の中」は"里"を付けます。

(5) お父さんは寝ているところです。
我爸爸在睡觉呢。 Wǒ bàba zài shuìjiào ne.

　　進行形は，「主語＋"正／在／正在"＋動詞＋目的語＋"呢"」という語順になります。副詞の"正／在／正在"と助詞の"呢"はどの組合せを使ってもかまいません。「お父さん」は"我"を略して"爸爸"だけでもかまいません。なお，"我爸爸"は"我的爸爸"としても誤りではありませんが，通常は"的"を用いません。

第88回
(2016年3月)

問 題
リスニング 70
筆 記 74
　解答時間：計100分
　配点：リスニング100点，筆記100点

解答と解説
リスニング 80
筆 記 91

| リスニング | (⇨解答と解説80頁)

1 (1)〜(10)の中国語の問いを聞き，答えとして最も適当なものを，それぞれ①〜④の中から1つ選び，その番号を解答欄にマークしなさい。　　　　　　　　　　(50点)

(1)　①　②　③　④

(2)　①　②　③　④

(3)　①　②　③　④

(4)　①　②　③　④

(5)　①　②　③　④

09 (6)

① ② ③ ④

10 (7)

① ② ③ ④

11 (8)

① ② ③ ④

12 (9)

① ② ③ ④

13 (10)

① ② ③ ④

第88回 問題〔リスニング〕

2 中国語を聞き，(1)～(10)の問いの答えとして最も適当なものを，それぞれ①～④の中から1つ選び，その番号を解答欄にマークしなさい。　　　　　　　　(50点)

メモ欄

(1)～(5)の問いは音声のみで，文字の印刷はありません。

(1)
① ② ③ ④

(2)
① ② ③ ④

(3)
① ② ③ ④

(4)
① ② ③ ④

(5)
① ② ③ ④

メモ欄

第88回 問題〔リスニング〕

31 (6) 小王和小张是什么时候来的?
38　　① ② ③ ④

32 (7) 小王喜欢做什么?
39　　① ② ③ ④

33 (8) 小张回国以后想做什么?
40　　① ② ③ ④

34 (9) 我们什么时候去看棒球比赛?
41　　① ② ③ ④

35 (10) 小张为什么很高兴?
42　　① ② ③ ④

73

筆 記 (⇨解答と解説91頁)

1 1. (1)〜(5)の中国語で声調の組み合わせが他と異なるものを，それぞれ①〜④の中から1つ選び，その番号を解答欄にマークしなさい。　　　　　　　　　　(10点)

(1)　　　① 年轻　　② 声音　　③ 十分　　④ 房间

(2)　　　① 以后　　② 礼物　　③ 词典　　④ 感谢

(3)　　　① 作业　　② 熊猫　　③ 重要　　④ 注意

(4)　　　① 意思　　② 客气　　③ 妹妹　　④ 桌子

(5)　　　① 运动　　② 全体　　③ 啤酒　　④ 牛奶

2. (6)〜(10)の中国語の正しいピンイン表記を，それぞれ①〜④の中から1つ選び，その番号を解答欄にマークしなさい。　　　　　　　　　　(10点)

(6) 大概　　① tàigǎi　　② dàkài　　③ tāigài　　④ dàgài

(7) 机场　　① jīchǎng　　② jīchán　　③ qìchǎng　　④ qīchǎn

(8) 地铁　　① dìtiē　　② tìtiě　　③ dìtiě　　④ tìtiē

(9) 西服　　① xīfú　　② shífú　　③ xīhú　　④ shíhú

(10) 变化　　① piānhuā　　② biànhuà　　③ piǎnhuā　　④ biānhuà

2 (1)～(10)の中国語の空欄を埋めるのに最も適当なものを，それぞれ①～④の中から1つ選び，その番号を解答欄にマークしなさい。　　　　　　　　　　　(20点)

(1) 外面正下（　　）雨呢，你等一会儿再出去吧。
　　① 了　　　　② 着　　　　③ 的　　　　④ 过

(2) 我（　　）朋友买生日礼物。
　　① 把　　　　② 往　　　　③ 给　　　　④ 对

(3) 这（　　）鞋很好看。
　　① 双　　　　② 张　　　　③ 根　　　　④ 条

(4) 我（　　）吃过法国菜。
　　① 不　　　　② 再　　　　③ 常　　　　④ 没

(5) 三月中旬以后，天气暖和（　　）。
　　① 地　　　　② 着　　　　③ 了　　　　④ 得

(6) 我是法律系的学生。你（　　）？
　　① 吗　　　　② 呢　　　　③ 吧　　　　④ 的

(7) 请问，你的名字（　　）写？
　　① 怎么　　　② 多么　　　③ 多少　　　④ 什么

(8) 我们（　　）今年四月开始学汉语。
　　① 到　　　　② 从　　　　③ 跟　　　　④ 离

(9) 你弟弟今年（　　）？
　　① 多少　　　② 多远　　　③ 多长　　　④ 多大

(10) 渡边说英语说（　　）很流利。
　　① 着　　　　② 得　　　　③ 过　　　　④ 了

3 1. (1)～(5)の日本語の意味に合う中国語を，それぞれ①～④の中から1つ選び，その番号を解答欄にマークしなさい。　　　　　　　　　　　　　　　　　　（10点）

(1) 彼はきのう先生に叱られた。
　　① 他昨天老师被批评了。
　　② 老师昨天他被批评了。
　　③ 他昨天被老师批评了。
　　④ 老师昨天被他批评了。

(2) このジュースはあのジュースよりおいしい。
　　① 这个果汁比那个好喝。
　　② 那个果汁比这个好喝。
　　③ 这个那个果汁比好喝。
　　④ 那个比这个果汁好喝。

(3) あしたは少し早く来てください。
　　① 明天来早点儿请。
　　② 明天早点儿请来。
　　③ 明天早点儿来请。
　　④ 明天请早点儿来。

(4) わたしはここで本を読みたくない。
　　① 我想在这儿不看书。
　　② 我想看书不在这儿。
　　③ 我不想看书在这儿。
　　④ 我不想在这儿看书。

(5) わたしも一度香港に行ったことがある。
　　① 我也一次去过香港。
　　② 我也去过一次香港。
　　③ 我去过香港也一次。
　　④ 我香港一次也去过。

2. (6)〜(10)の日本語の意味になるように, それぞれ①〜④を並べ替えたとき, [　] 内に入るものはどれか, その番号を解答欄にマークしなさい。　　　　　　(10点)

(6) 彼女は今年日本に来たばかりです。

　　　她＿＿＿＿＿　[＿＿＿＿]　＿＿＿＿＿　＿＿＿＿＿。

　　　① 日本　　　② 今年　　　③ 来　　　④ 刚

(7) あのDVDはもう売っていません。

　　　那个DVD＿＿＿＿＿　＿＿＿＿＿　[＿＿＿＿]　＿＿＿＿＿。

　　　① 了　　　② 已经　　　③ 卖　　　④ 不

(8) 中国の高鉄（高速鉄道）は日本の新幹線とほぼ同じです。

　　　＿＿＿＿＿　[＿＿＿＿]　＿＿＿＿＿　＿＿＿＿＿。

　　　① 日本的新干线　② 差不多　　　③ 和　　　④ 中国的高铁

(9) 学校は海からとても近いです。

　　　　　　[＿＿＿＿]　＿＿＿＿＿　＿＿＿＿＿。

　　　① 离　　　② 学校　　　③ 很近　　　④ 海

(10) みんなが彼女のやり方はなかなかよいと言った。

　　　大家＿＿＿＿＿　＿＿＿＿＿　＿＿＿＿＿　[＿＿＿＿]。

　　　① 说　　　② 不错　　　③ 她的办法　　　④ 都

4. 次の文章を読み，(1)～(6)の問いの答えとして最も適当なものを，それぞれ①～④の中から1つ選び，その番号を解答欄にマークしなさい。 (20点)

　　我在一所大学学习国际贸易，下个月就二年级了。去年四月入学的时候，老师 (1) 我们说："除了专业知识以外，外语也很重要。你们不但要学好英语，而且还应该学好第二外语。 (2) 你们的专业是国际贸易，毕业以后可能做和外国有关系的工作，还可能去国外工作。"

　　现在中国的经济发展很快，中国和日本在各个方面的交流也越来越多。我们的不少日常生活用品，都是中国产 (3) 。听说日本产品在中国国内也非常受欢迎，每年都有很多中国人来日本旅行，买日本的商品。想到这些，我决定第二外语学习汉语。(4)我想将来使用汉语的机会一定会更多。

　　老师告诉我们，汉语是使用汉字的语言，有的汉字、词的意思和日语一样，也有的意思和日语完全不同。例如："大学"、"社会"等一样， (5) "娘"、"酷"等不一样。汉语的"娘"是"妈妈"，"酷"还有英语的"cool"的意思。学习汉语真有趣。

(1) 空欄(1)を埋めるのに適当なものは，次のどれか。
　　① 从　　② 往　　③ 到　　④ 对

(2) 空欄(2)を埋めるのに適当なものは，次のどれか。
　　① 虽然　　② 如果　　③ 因为　　④ 所以

(3) 空欄(3)を埋めるのに適当なものは，次のどれか。
　　① 的　　② 过　　③ 了　　④ 着

(4) 下線部(4)の意味として適当なものは，次のどれか。
　　① わたしは，将来もっと多くの機会を利用して中国語を使いたいと考えている。
　　② わたしは，将来中国語を使用する機会がある程度あると考えている。
　　③ わたしは，将来中国語を使う機会はもっと増えるに違いないと考えている。
　　④ わたしは，将来中国語を使う機会に一定の増加があってほしいと考えている。

(5) 空欄(5)を埋めるのに**適当でないもの**は，次のどれか。

　　① 为了　　　　② 但是　　　　③ 不过　　　　④ 可是

(6) 本文の内容と一致するものは，次のどれか。

　　① 老师认为第二外语比英语重要。

　　② 我在大学学了两年汉语了。

　　③ 很多日本人去中国旅行。

　　④ 日语和汉语的"娘"的意思不一样。

[5] (1)～(5)の日本語を中国語に訳し，漢字（簡体字）で解答欄に書きなさい。
（漢字は崩したり略したりせずに書き，文中・文末には句読点や疑問符をつけること。）

(20点)

(1) わたしたちはあしたどこで会いましょうか。

(2) あそこに紙が3枚あります。

(3) 彼はちょうど音楽を聴いているところです。

(4) あの問題もあまり難しくありません。

(5) これはどこの国の国歌ですか。

リスニング

1

解答：(1)❹ (2)❹ (3)❶ (4)❸ (5)❷ (6)❸ (7)❶ (8)❷ (9)❶ (10)❹

一問一答：日常会話のなかでよく使われる問いの文に対して正確に答えることができるかどうかが問われています。
(5点×10)

04 (1) 問：昨天他为什么没来？　　　　　きのう彼はどうして来なかったの？
　　　　Zuótiān tā wèi shénme méi lái?

　　答：① 我昨天也来了。　　　　　　　わたしはきのうも来ました。
　　　　Wǒ zuótiān yě lái le.

　　　② 因为今天很冷。　　　　　　　きょうは寒いからです。
　　　　Yīnwei jīntiān hěn lěng.

　　　③ 我们今天不去。　　　　　　　わたしたちはきょうは行きません。
　　　　Wǒmen jīntiān bú qù.

　　　❹ 因为他感冒了。　　　　　　　彼は風邪をひいたからです。
　　　　Yīnwei tā gǎnmào le.

"昨天"ときのうのことを話題にしているので、②と③は除外します。"为什么？"と彼の「来なかった理由」を問うているのに対して"他"を主語にその理由を答えている④が正解です。

05 (2) 問：这个菜怎么样？　　　　　　　この料理はどうですか。
　　　　Zhège cài zěnmeyàng?

　　答：① 不太好听。　　　　　　　　　〈聴いて〉あまり心地よくありません。
　　　　Bú tài hǎotīng.

　　　② 很好喝。　　　　　　　　　　〈飲んで〉おいしいです。
　　　　Hěn hǎohē.

　　　③ 不太凉快。　　　　　　　　　あまり涼しくありません。
　　　　Bú tài liángkuai.

　　　❹ 很好吃。　　　　　　　　　　〈食べて〉おいしいです。
　　　　Hěn hǎochī.

80

料理について感想を尋ねているのですから，"好吃"と答えている④が正解です。②の"好喝"も「おいしい」という意味ですが，こちらは飲み物に対して使います。

06 (3) 問：你看过这个电影吗？
　　　　Nǐ kànguo zhège diànyǐng ma?

　　答：❶ 我没看过。
　　　　　Wǒ méi kànguo.

　　　　② 她看过这本书。
　　　　　Tā kànguo zhè běn shū.

　　　　③ 我没去过。
　　　　　Wǒ méi qùguo.

　　　　④ 她看过这个电影。
　　　　　Tā kànguo zhège diànyǐng.

あなたはこの映画を観たことがありますか。

わたしは観たことがありません。

彼女はこの本を読んだことがあります。

わたしは行ったことがありません。

彼女はこの映画を観たことがあります。

映画を観たことがあるかを尋ねています。したがって，「わたしは…」と答えている①③のうち，"看"（観る）について述べている①が正解です。

07 (4) 問：你们班有留学生吗？
　　　　Nǐmen bān yǒu liúxuéshēng ma?

　　答：① 我们班学生很多。
　　　　　Wǒmen bān xuésheng hěn duō.

　　　　② 他们班学生不多。
　　　　　Tāmen bān xuésheng bù duō.

　　　　❸ 我们班没有。
　　　　　Wǒmen bān méiyǒu.

　　　　④ 我明年去留学。
　　　　　Wǒ míngnián qù liúxué.

あなたたちのクラスには留学生がいますか。

わたしたちのクラスは学生が多いです。

彼らのクラスは学生が多くありません。

わたしたちのクラスにはいません。

わたしは来年留学します。

留学生がいるかどうかを尋ねているのですから，"没有"と答えている③が正解です。"留学生"，"学生"，"留学"という言葉をしっかり聞き取りましょう。

08 (5) 問：我们去买东西吧。　　　　　　　　　買い物に行きましょう。
　　　　Wǒmen qù mǎi dōngxi ba.

　　答：① 请问，这是什么东西？　　　　　　お尋ねしますが，これはどんな品
　　　　　Qǐngwèn, zhè shì shénme dōngxi?　　物ですか。

　　　　❷ 好，什么时候去？　　　　　　　　いいですよ，いつ行きますか。
　　　　　Hǎo, shénme shíhou qù?

　　　　③ 请问，这是什么地方？　　　　　　お尋ねしますが，ここはどこです
　　　　　Qǐngwèn, zhè shì shénme dìfang?　　か。

　　　　④ 好，你做什么工作？　　　　　　　いいですよ，あなたはどんなお仕
　　　　　Hǎo, nǐ zuò shénme gōngzuò?　　　　事をしていますか。

「買い物に行こう」と誘っています。それに対して「いつ行くか」と問い返している②が正解です。

09 (6) 問：你会不会游泳？　　　　　　　　　　あなたは泳げますか。
　　　　Nǐ huì bu huì yóuyǒng?

　　答：① 不对，他没有时间。　　　　　　　いいえ，彼は時間がありません。
　　　　　Bú duì, tā méiyǒu shíjiān.

　　　　② 不对，我不是学生。　　　　　　　いいえ，わたしは学生ではありません。
　　　　　Bú duì, wǒ bú shì xuésheng.

　　　　❸ 不会，我没学过。　　　　　　　　いいえ，わたしは習ったことがあり
　　　　　Bú huì, wǒ méi xuéguo.　　　　　　ません。

　　　　④ 不会，他没学过英语。　　　　　　いいえ，彼は英語を学んだことがあ
　　　　　Bú huì, tā méi xuéguo Yīngyǔ.　　　りません。

「泳ぐことができるか」という問いですから，"不对"（違います）と答えている①②は除外できます。④は英語の話で，これも除外されますので，③が正解です。

10 (7) 問：这是谁的自行车？　　　　　　　　　これは誰の自転車ですか。
　　　　Zhè shì shéi de zìxíngchē?

　　答：❶ 这是我朋友的。　　　　　　　　　これはわたしの友達のです。
　　　　　Zhè shì wǒ péngyou de.

　　　　② 这不是汽车。　　　　　　　　　　これは自動車ではありません。
　　　　　Zhè bú shì qìchē.

82

③ 这不是我的朋友。
Zhè bú shì wǒ de péngyou.

こちらはわたしの友達ではありません。

④ 这是去大连的火车。
Zhè shì qù Dàlián de huǒchē.

これは大連行きの列車です。

"谁的"と「誰のものか」を質問していることを聞き取ることが大切です。「人物+"的"」(…のもの)という文型の①が正解です。

11 (8) 問：公园里人多不多?
Gōngyuán li rén duō bu duō?

公園は人が多いですか。

答：① 这里公园很多。
Zhèli gōngyuán hěn duō.

ここは公園がたくさんあります。

❷ 这个公园人很多。
Zhège gōngyuán rén hěn duō.

この公園は人が多いです。

③ 这里公园不太多。
Zhèli gōngyuán bú tài duō.

ここは公園があまり多くありません。

④ 这个公园很小。
Zhège gōngyuán hěn xiǎo.

この公園は小さいです。

「A（場所）＋B＋形容詞句」で「AはBが…だ」という主述述語文になっています。「人が多いかどうか」が質問の内容ですから，正解は②です。①③④は，いずれも公園についての話ですから除外されます。

12 (9) 問：他的生日是几月几号?
Tā de shēngrì shì jǐ yuè jǐ hào?

彼の誕生日は何月何日ですか。

答：❶ 他的生日是10月10号吧。
Tā de shēngrì shì shíyuè shí hào ba.

彼の誕生日は10月10日でしょう。

② 明天不是10月10号。
Míngtiān bú shì shíyuè shí hào.

あすは10月10日ではありません。

③ 你的生日是7月7号吧。
Nǐ de shēngrì shì qīyuè qī hào ba.

あなたの誕生日は7月7日でしょう。

④ 今天不是7月7号。
Jīntiān bú shì qīyuè qī hào.

きょうは7月7日ではありません。

「彼の誕生日」について尋ねているのですから，"7 qī"と"10 shí"という紛らわしい音の聞き分けに気をとられず，「彼の誕生日」について

第88回 解答と解説〔リスニング〕

答えている選択肢を選びましょう。①が正解です。

13 (10) 問：请问，谁是从中国来的林小芳？
Qǐngwèn, shéi shì cóng Zhōngguó lái de Lín Xiǎofāng?

お尋ねしますが，どなたが中国から来られた林小芳さんですか。

答：① 对，我去过中国。
Duì, wǒ qùguo Zhōngguó.

はい，わたしは中国に行ったことがあります。

② 你就是林小芳啊，你好！
Nǐ jiù shì Lín Xiǎofāng a, nǐ hǎo!

あなたが林小芳さんでしたか，こんにちは。

③ 对，我没去过中国。
Duì, wǒ méi qùguo Zhōngguó.

はい，わたしは中国に行ったことがありません。

❹ 她就是林小芳。
Tā jiù shì Lín Xiǎofāng.

あの方が林小芳さんです。

「中国から来た林小芳さん」を尋ねている質問者に対して，どの人かを教えている④が正解です。

2 長文聴解：

解答：(1) ❷ (2) ❹ (3) ❸ (4) ❸ (5) ❷ (6) ❶ (7) ❹ (8) ❹ (9) ❸ (10) ❷

会話文の聞き取り：久しぶりに会った田中さんと李さんが近況を話し合います。2人のやり取りの日時や数などに注意して聞き取りましょう。まとまった分量の会話についていけるかどうかが問われています。

(5点×10)

15 小李：田中，好久不见了！你去哪儿了？
Tiánzhōng, hǎojiǔ bú jiàn le! Nǐ qù nǎr le?

田中：小李呀，你好！我回老家了。
Xiǎo Lǐ ya, nǐ hǎo! Wǒ huí lǎojiā le.

小李：什么时候回去的？
Shénme shíhou huíqu de?

田中：(1)2月9号回去的，3月12号回来的。
Èryuè jiǔ hào huíqu de, sānyuè shí'èr hào huílai de.

小李：是吗？你老家在哪儿啊？
Shì ma? Nǐ lǎojiā zài nǎr a?

田中：在大阪。
Zài Dàbǎn.

小李：那里的天气怎么样？冷不冷？
Nàli de tiānqì zěnmeyàng? Lěng bu lěng?

田中：(2)有点儿冷。10度左右。　　　　Yǒudiǎnr lěng. Shí dù zuǒyòu.

16　小李：你回老家以后做什么了？　　　Nǐ huí lǎojiā yǐhòu zuò shénme le?

田中：(3)和家里人去韩国旅行了。你呢？　Hé jiāli rén qù Hánguó lǚxíng le. Nǐ ne?

小李：我哪儿也没去，在书店打工了。　Wǒ nǎr yě méi qù, zài shūdiàn dǎgōng le.

田中：是吗？一天工作多长时间？　　　Shì ma? Yì tiān gōngzuò duō cháng shíjiān?

小李：(4)从星期一到星期五，每天两个小时，星期六四个小时。　Cóng xīngqīyī dào xīngqīwǔ, měi tiān liǎng ge xiǎoshí, xīngqīliù sì ge xiǎoshí.

田中：星期天呢？　　　　　　　　　　Xīngqītiān ne?

小李：(5)星期天休息，不打工。　　　　Xīngqītiān xiūxi, bù dǎgōng.

訳：

小李：田中さん，お久しぶり。どこに行っていたの？

田中：ああ李さん，こんにちは。わたしは実家に帰っていました。

小李：いつ帰ったの？

田中：(1)2月9日に帰って，3月12日にこちらに戻ってきました。

小李：そう。実家はどちら？

田中：大阪です。

小李：向こうの天気はどう？寒かった？

田中：(2)少し寒かったです。10度くらいでした。

小李：実家で何をしていたの？

田中：(3)家族と韓国旅行に行きました。あなたは？

小李：わたしはどこにも行かず，本屋でアルバイトをしていました。

田中：そう。1日何時間働いたんですか。

小李：(4)月曜から金曜までは，毎日2時間，土曜日は4時間よ。

田中：日曜日は？

小李：(5)日曜日は休みで，アルバイトはありません。

17　(1) 問：田中是什么时候回老家的？　　田中さんはいつ実家に帰りましたか。
　　　　　Tiánzhōng shì shénme shíhou huí lǎojiā de?

　　答：① 9月2号。　Jiǔyuè èr hào.　　9月2日。

　　　　❷ 2月9号。　Èryuè jiǔ hào.　　2月9日。

　　　　③ 3月12号。　Sānyuè shí'èr hào.　3月12日。

　　　　④ 12月3号。　Shí'èryuè sān hào.　12月3日。

第88回　解答と解説　[リスニング]

85

この会話は，実家から帰ってきた田中さんが李さんに出会った場面です。実家に戻った時期について，田中さんは，"2月9号回去的，3月12号回来的"と答えていますから，②が正解です。

18 (2) 問：大阪的天气怎么样？ 　　　　　　大阪の気候はどうでしたか。
　　　　Dàbǎn de tiānqì zěnmeyàng?

　　答：① 非常冷，4度左右。　　　　　　　非常に寒く，4度くらいでした。
　　　　　Fēicháng lěng, sì dù zuǒyòu.

　　　　② 有点儿冷，7度左右。　　　　　　少し寒く，7度くらいでした。
　　　　　Yǒudiǎnr lěng, qī dù zuǒyòu.

　　　　③ 不冷，14度左右。　　　　　　　　寒くはなく，14度くらいでした。
　　　　　Bù lěng, shísì dù zuǒyòu.

　　　　❹ 有点儿冷，10度左右。　　　　　　少し寒く，10度くらいでした。
　　　　　Yǒudiǎnr lěng, shí dù zuǒyòu.

田中さんの実家がある大阪は寒かったかどうか尋ねた李さんに対して，田中さんは"有点儿冷，10度左右"と答えています。したがって，④が正解です。

19 (3) 問：田中回老家以后做什么了？　　　　田中さんは実家に帰ってから
　　　　Tiánzhōng huí lǎojiā yǐhòu zuò shénme le?　　何をしましたか。

　　答：① 去买书了。　　　　　　　　　　　本を買いに行きました。
　　　　　Qù mǎi shū le.

　　　　② 去大阪旅行了。　　　　　　　　　大阪に旅行に行きました。
　　　　　Qù Dàbǎn lǚxíng le.

　　　　❸ 去韩国旅行了。　　　　　　　　　韓国に旅行に行きました。
　　　　　Qù Hánguó lǚxíng le.

　　　　④ 去打工了。　　　　　　　　　　　アルバイトに行きました。
　　　　　Qù dǎgōng le.

田中さんは実家で何をしたかと質問されて，"和家里人去韩国旅行了"と答えています。したがって，③が正解です。

20 (4) 問：小李星期三工作几个小时？　Xiǎo Lǐ　李さんは水曜日は何時間働きますか。
　　　　xīngqīsān gōngzuò jǐ ge xiǎoshí?

答：① 四个小时。Sì ge xiǎoshí. 　　　4時間。

　　② 七个小时。Qī ge xiǎoshí. 　　　7時間。

　　❸ 两个小时。Liǎng ge xiǎoshí. 　　2時間。

　　④ 五个小时。Wǔ ge xiǎoshí. 　　　5時間。

　　李さんはアルバイトの時間について、"从星期一到星期五，每天两个小时"と言っています。月曜日から金曜日まで毎日2時間アルバイトをしているのですから、③が正解です。

(5) 問：小李什么时候休息？　　　　　李さんはいつが休みですか。
Xiǎo Lǐ shénme shíhou xiūxi?

答：① 星期六。Xīngqīliù. 　　　　　土曜日。

　　❷ 星期天。Xīngqītiān. 　　　　　日曜日。

　　③ 星期一。Xīngqīyī. 　　　　　　月曜日。

　　④ 星期五。Xīngqīwǔ. 　　　　　金曜日。

　　李さんは日曜日について、"星期天休息，不打工"と言っています。したがって、②が正解です。

文章の聞き取り：「わたし」と日本に来てまだ日の浅い留学生2人の趣味についての話です。

　　小王和小张是从中国来的留学生，我们三个是好朋友。(6)他们是去年十月来的，来日本的时间虽然不长，但是日语进步很快。刚来的时候，我们在一起只能说汉语，现在都说日语了。

　　(7)小王喜欢看电视，特别喜欢看电视剧。他说，看电视剧能了解日本人的生活，还能练习听力，是学习日语的好办法。小张对日本的服装感兴趣，(8)她说，回国以后，要向中国人介绍日本年轻人穿的衣服。所以，她经常上街、去商店，喜欢去人多的地方。因为在人多的地方可以看到各种各样的衣服。

　　我喜欢打棒球，(9)明天晚上，有一场棒球比赛。我给他们打电话，问他们去不去看。小王说，昨天晚上、今天晚上、明天晚上和后天晚上，每天都有他喜欢的电视剧，他要在家看电视。小张很高兴，非常想去。她说："(10)那里人多，可以看人们的衣服。"

Xiǎo Wáng hé Xiǎo Zhāng shì cóng Zhōngguó lái de liúxuéshēng, wǒmen sān ge shì hǎo péngyou. Tāmen shì qùnián shíyuè lái de, lái Rìběn de shíjiān suīrán bù cháng, dànshì Rìyǔ jìnbù hěn kuài. Gāng lái de shíhou, wǒmen zài yìqǐ zhǐ néng shuō Hànyǔ, xiànzài dōu shuō Rìyǔ le.

Xiǎo Wáng xǐhuan kàn diànshì, tèbié xǐhuan kàn diànshìjù. Tā shuō, kàn diànshìjù néng liǎojiě Rìběnrén de shēnghuó, hái néng liànxí tīnglì, shì xuéxí Rìyǔ de hǎo bànfǎ. Xiǎo Zhāng duì Rìběn de fúzhuāng gǎn xìngqù, tā shuō, huí guó yǐhòu, yào xiàng Zhōngguórén jièshào Rìběn niánqīngrén chuān de yīfu. Suǒyǐ, tā jīngcháng shàng jiē, qù shāngdiàn, xǐhuan qù rén duō de dìfang. Yīnwei zài rén duō de dìfang kěyǐ kàndào gè zhǒng gè yàng de yīfu.

Wǒ xǐhuan dǎ bàngqiú, míngtiān wǎnshang, yǒu yì chǎng bàngqiú bǐsài. Wǒ gěi tāmen dǎ diànhuà, wèn tāmen qù bu qù kàn. Xiǎo Wáng shuō, zuótiān wǎnshang、 jīntiān wǎnshang, míngtiān wǎnshang hé hòutiān wǎnshang, měi tiān dōu yǒu tā xǐhuan de diànshìjù, tā yào zài jiā kàn diànshì. Xiǎo Zhāng hěn gāoxìng, fēicháng xiǎng qù. Tā shuō: "Nàli rén duō, kěyǐ kàn rénmen de yīfu."

訳：王君と張さんは中国から来た留学生で，わたしたち3人は仲の良い友達です。(6)彼らが来たのは去年の10月ですので，日本に来てからの時間は長くはありませんが，日本語の進歩はとても速いです。来たばかりの頃は，わたしたちは一緒にいると中国語でしか話すことができませんでしたが，今はもう日本語を話すようになりました。

(7)王君はテレビを見るのが好きで，特にドラマが好きです。彼は，ドラマを見ると日本人の生活を理解することができるし，リスニングの練習もできて，日本語を勉強するいい方法だと言います。張さんは日本の服装に興味があります。(8)彼女は，帰国したら，中国人に日本の若者が着ている服を紹介したいと言います。だから，彼女はいつも街に出かけたりお店に行ったりして，人の多い所に行くのが好きです。人の多い場所はいろいろな服を見ることができるからです。

わたしは野球が好きです。(9)あしたの夜，野球の試合があります。わたしは彼らに電話をして，観に行かないかと尋ねました。王君は，きのうの夜も，きょうの夜も，あしたの夜も，あさっての夜も，毎日彼の好きなドラマがあるので，家でテレビを見たいと言いました。張さんは大喜びで，とても行きたがりました。彼女は「(10)ああいう場所は人が多いので，皆の服装が観察できますからね」と言いました。

31 (6) 問：小王和小张是什么时候来的？ Xiǎo Wáng 王君と張さんはいつ来た
　　　　hé Xiǎo Zhāng shì shénme shíhou lái de? のですか。

　　答：❶ 去年十月。Qùnián shíyuè. 去年の10月。

　　　② 去年四月。Qùnián sìyuè. 去年の4月。

　　　③ 今年四月。Jīnnián sìyuè. 今年の4月。

　　　④ 今年一月。Jīnnián yīyuè. 今年の1月。

　　2人が来た時期について"他们是去年十月来的"と言っています。したがって，①が正解です。

32 (7) 問：小王喜欢做什么？ 王君は何をするのが好きですか。
　　　　Xiǎo Wáng xǐhuan zuò shénme?

　　答：① 上街。　　　　Shàng jiē. 街に出かけること。

　　　② 去商店。　　　Qù shāngdiàn. お店に行くこと。

　　　③ 去人多的地方。Qù rén duō de dìfang. 人の多い所に行くこと。

　　　❹ 看电视剧。　　Kàn diànshìjù. テレビドラマを見ること。

　　"小王喜欢看电视，特别喜欢看电视剧"という部分を聞き取ります。④が正解です。

33 (8) 問：小张回国以后想做什么？ Xiǎo Zhāng 張さんは帰国後何をしたいと
　　　　huí guó yǐhòu xiǎng zuò shénme? 思っていますか。

　　答：① 介绍日本的电视剧。 日本のテレビドラマを紹介する。
　　　　 Jièshào Rìběn de diànshìjù.

　　　② 介绍日本人的生活。 日本人の生活を紹介する。
　　　　 Jièshào Rìběnrén de shēnghuó.

　　　③ 介绍学习日语的方法。 日本語を勉強する方法を紹介する。
　　　　 Jièshào xuéxí Rìyǔ de fāngfǎ.

　　　❹ 介绍日本人的衣服。 日本人の服装を紹介する。
　　　　 Jièshào Rìběnrén de yīfu.

　　張さんは日本人の服装に興味があることが述べられています。特に"她说，回国以后，要向中国人介绍日本年轻人穿的衣服"という部分に注意しましょう。④が正解です。

34 (9) 問：我们什么时候去看棒球比赛？ Wǒmen shénme shíhou qù kàn bàngqiú bǐsài?　　わたしたちはいつ野球の試合を観に行きますか。

答：① 昨天晚上。Zuótiān wǎnshang.　　きのうの夜。
　　② 今天晚上。Jīntiān wǎnshang.　　きょうの夜。
　　❸ 明天晚上。Míngtiān wǎnshang.　　あしたの夜。
　　④ 后天晚上。Hòutiān wǎnshang.　　あさっての夜。

"明天晚上，有一场棒球比赛。我…问他们去不去看"という部分から、③が正解であることがわかります。

35 (10) 問：小张为什么很高兴? Xiǎo Zhāng wèi shénme hěn gāoxìng?　　張さんはなぜ喜んだのですか。

答：① 因为可以看棒球比赛。
　　　Yīnwei kěyǐ kàn bàngqiú bǐsài.　　野球の試合を観ることができるから。

　　❷ 因为可以看人们的衣服。
　　　Yīnwei kěyǐ kàn rénmen de yīfu.　　人々の服装を観察することができるから。

　　③ 因为可以看电视剧。
　　　Yīnwei kěyǐ kàn diànshìjù.　　テレビドラマを見ることができるから。

　　④ 因为可以练习听力。
　　　Yīnwei kěyǐ liànxí tīnglì.　　リスニングの練習ができるから。

張さんは「わたし」から野球観戦に誘われて喜んでいます。その理由として、彼女は"那里人多，可以看人们的衣服"と言っています。(8)でも触れたとおり、張さんは日本人の服装に興味を持っているからです。したがって、正解は②です。

筆　記

1

解答：1.(1)❷　(2)❸　(3)❷　(4)❹　(5)❶　2.(6)❹　(7)❶　(8)❸　(9)❶　(10)❷

1．発音　声調の組み合わせ：2音節の単語の声調パターンが身についているかどうかを問われています。2音節の単語は104頁の「2音節語の声調の組み合わせ」によって，繰り返し練習してパターンを身に付けましょう　　　　　　　　　　（2点×5）

(1)　① 年轻 niánqīng　　　　　（若い）
　　❷ 声音 shēngyīn　　　　　（声，音）
　　③ 十分 shífen　　　　　　（とても）
　　④ 房间 fángjiān　　　　　（部屋）

(2)　① 以后 yǐhòu　　　　　　（以後）
　　② 礼物 lǐwù　　　　　　　（贈り物）
　　❸ 词典 cídiǎn　　　　　　（辞典）
　　④ 感谢 gǎnxiè　　　　　　（感謝する）

(3)　① 作业 zuòyè　　　　　　（宿題）
　　❷ 熊猫 xióngmāo　　　　　（パンダ）
　　③ 重要 zhòngyào　　　　　（重要だ）
　　④ 注意 zhùyì　　　　　　（注意する）

(4)　① 意思 yìsi　　　　　　　（意味）
　　② 客气 kèqi　　　　　　　（遠慮する）
　　③ 妹妹 mèimei　　　　　　（妹）
　　❹ 桌子 zhuōzi　　　　　　（テーブル）

(5)　❶ 运动 yùndòng　　　　　（運動）
　　② 全体 quántǐ　　　　　　（全体）
　　③ 啤酒 píjiǔ　　　　　　　（ビール）
　　④ 牛奶 niúnǎi　　　　　　（牛乳）

2. 発音　声母・韻母のピンイン表記：ピンインでつづられた音節を正確に発音することができるかどうか。　　　　　　　　　　　　　　　　　(2点×5)

(6) 大概（たぶん）
　　① tàigǎi　　② dàkài　　③ tāigài　　❹ dàgài
(7) 机场（空港）
　　❶ jīchǎng　　② jīchán　　③ qìchǎng　　④ qīchǎn
(8) 地铁（地下鉄）
　　① dìtiē　　② tìtiě　　❸ dìtiě　　④ tìtiē
(9) 西服（スーツ）
　　❶ xīfú　　② shífú　　③ xīhú　　④ shíhú
(10) 变化（変化）
　　① piānhuā　　❷ biànhuà　　③ piǎnhuā　　④ biānhuà

2

解答：(1)❷　(2)❸　(3)❶　(4)❹　(5)❸　(6)❷　(7)❶　(8)❷　(9)❹　(10)❷

空欄補充：空欄に入る語はいずれも文法上のキーワードである。　　　(2点×10)

(1) 外面正下（着）雨呢，你等一会儿再出去吧。Wàimiàn zhèng xiàzhe yǔ ne, nǐ děng yíhuìr zài chūqu ba　　外はいま雨が降っているから，あなたはしばらく待ってから出かけなさい。

　　① 了 le　　❷ 着 zhe　　③ 的 de　　④ 过 guo

> 　　動詞に付く助詞の問題です。「降っている」というのは状態の持続を表すので，②"着"を入れます。①"了"は動作の完了，④"过"は経験の表現に用います。③"的"は後ろの名詞を修飾する語を導く助詞として使われるほか，"是…的"の形で過去の動作を強調する表現にも使われます。

(2) 我（给）朋友买生日礼物。Wǒ gěi péngyou mǎi shēngrì lǐwù.　　わたしは友達のために誕生日のプレゼントを買います。

　　① 把 bǎ　　② 往 wǎng　　❸ 给 gěi　　④ 对 duì

> 　　介詞（前置詞）の問題です。「…のために」と動作の受益者を導くと

92

きは，③"给"を用います。①"把"は目的語を動詞の前に置く場合，②"往"は動作の方向を示す場合，④"对"は動作の対象を示す場合に用います。

(3) 这（双）鞋很好看。　　　　　　この靴はとてもきれいです。
　　Zhè shuāng xié hěn hǎokàn.

　❶ 双 shuāng　　② 张 zhāng　　③ 根 gēn　　④ 条 tiáo

　　量詞（助数詞）の問題です。靴のような2つで一揃いの物を数えるときには①"双"を用います。②"张"は平らな面を持つ物を，③"根"は非常に細長い物を，④"条"は"根"ほどではありませんが，やはり細長い物を数えるときに使う量詞です。

(4) 我（没）吃过法国菜。　　　　　わたしはフランス料理を食べたこ
　　Wǒ méi chīguo Fǎguó cài.　　　とがありません。

　① 不 bù　　② 再 zài　　③ 常 cháng　　❹ 没 méi

　　副詞の問題です。「食べたことがない」と経験を否定する場合，④"没"を用います。①"不"は意志や習慣を否定するのに用います。②"再"は「また（…する）」，③"常"は「いつも（…する）」という意味です。

(5) 三月中旬以后，天气暖和（了）　3月の中旬以降，暖かくなりました。
　　Sānyuè zhōngxún yǐhòu, tiānqì nuǎnhuo le.

　① 地 de　　② 着 zhe　　❸ 了 le　　④ 得 de

　　正解は③です。「…になる，…になった」と状況・状態の変化をいう場合，文末に助詞の"了"を用います。①"地"は連用修飾を，②"着"は状態の持続を表し，④"得"は補語を導くのに用います。

(6) 我是法律系的学生。你（呢）？　わたしは法学部の学生です。あな
　　Wǒ shì fǎlǜ xì de xuésheng. Nǐ ne?　たは？

　① 吗 ma　　❷ 呢 ne　　③ 吧 ba　　④ 的 de

　　ある前提があって，後に続く疑問文を省略できる場合，日本語なら「…は？」で止めますが，中国語は語気助詞の"呢"を用います。①"吗"は疑問の語気を，③"吧"は確認の語気を表します。④"的"は後に続

93

く名詞を省略して「…のもの」という意味を表します。

(7) 请问，你的名字（ 怎么 ）写?　　　お尋ねしますが，あなたのお名前
　　Qǐngwèn, nǐ de míngzi zěnme xiě?　　はどう書きますか。

　　❶ 怎么 zěnme　② 多么 duōme　③ 多少 duōshao　④ 什么 shénme

　　　「どのように（…するか）」と尋ねているので，①の方法・手段を問う疑問詞"怎么"を用います。②"多么"は程度を尋ねる疑問詞，③"多少"は数を尋ねる疑問詞，④"什么"は「何，何の」という意味の疑問詞です。

(8) 我们（ 从 ）今年四月开始学汉语。　　わたしたちは今年の4月から中
　　Wǒmen cóng jīnnián sìyuè kāishǐ xué Hànyǔ.　国語を勉強し始めます。

　　① 到 dào　❷ 从 cóng　③ 跟 gēn　④ 离 lí

　　　「…から（始める）」と時間や空間の起点を示すときは，介詞（前置詞）"从"を用います。①"到"は到達点を，③"跟"は動作を共にする相手を，④"离"はある地点・時点からの隔たりをいう場合に用います。

(9) 你弟弟今年（ 多大 ）?　　　　　　　あなたの弟さんは今年何歳です
　　Nǐ dìdi jīnnián duō dà?　　　　　　か。

　　① 多少 duōshao　② 多远 duō yuǎn　③ 多长 duō cháng　❹ 多大 duō dà

　　　"多"は形容詞を伴って，「どのくらい…か」という疑問文を作ります。ここは年齢を尋ねていますので，年齢が大きいことを表す形容詞"大"を用います。①"多少"は数量を，②"多远"は距離を，③"多长"は長さを尋ねるのに用います。

(10) 渡边说英语说（ 得 ）很流利。　　　渡辺さんは英語を流暢に話しま
　　Dùbiān shuō Yīngyǔ shuōde hěn liúlì.　す。

　　① 着 zhe　❷ 得 de　③ 过 guo　④ 了 le

　　　目的語を伴う動作の様子・状態などを説明する場合，まず動詞と目的語を示し，もう一度動詞を繰り返してから"得"を用いて補語を導きます。したがって，「英語を話すのが流暢だ」は"说英语说得很流利"と

なりますので，(　)内には"得"が入ります。①"着"は状態の持続を，③"过"は経験を，④"了"は完了を表すのに用います。

3

解答：1.(1)❸　(2)❶　(3)❹　(4)❹　(5)❷　2.(6)❹　(7)❸　(8)❸　(9)❶　(10)❷

1. **日文中訳（語順選択）**：文法上のキーワードを含む基本的な文を正確に組み立てることができるかどうかが問われています。　　　　　　　　　　（2点×5）

(1) 彼はきのう先生に叱られた。
　① 他昨天老师被批评了。
　② 老师昨天他被批评了。
　❸ 他昨天被老师批评了。Tā zuótiān bèi lǎoshī pīpíng le.
　④ 老师昨天被他批评了。

　　「AはBに…される」という受身の表現は，「A＋"被"＋B＋動詞句」の形になります。AとBを取り違えないよう注意しましょう。

(2) このジュースはあのジュースよりおいしい。
　❶ 这个果汁比那个好喝。Zhège guǒzhī bǐ nàge hǎohē.
　② 那个果汁比这个好喝。
　③ 这个那个果汁比好喝。
　④ 那个比这个果汁好喝。

　　「AはBより…だ」という比較の表現は，「A＋"比"＋B＋形容詞」の形になります。また，「この…はあの…より」のように名詞が同じである場合，後に来る「あの…」の名詞（ここでは"果汁"）は省略できます。

(3) あしたは少し早く来てください。
　① 明天来早点儿请。
　② 明天早点儿请来。
　③ 明天早点儿来请。
　❹ 明天请早点儿来。Míngtiān qǐng zǎo diǎnr lái.

「…してください」と依頼する場合,「"请"+動詞」の順で言います。「少し早く」("早点儿")は「来る」を修飾しているので,"来"の前に置きます。

(4) わたしはここで本を読みたくない。
① 我想在这儿不看书。
② 我想看书不在这儿。
③ 我不想看书在这儿。
❹ 我不想在这儿看书。Wǒ bù xiǎng zài zhèr kàn shū.

「…したくない」という場合,「"不想"+動詞・動詞句」の形になります。ここは「ここで本を読む」ことを「したくない」と言っているのですから,動詞句の位置に"在这儿看书"が入ります。

(5) わたしも一度香港に行ったことがある。
① 我也一次去过香港。
❷ 我也去过一次香港。Wǒ yě qùguo yí cì Xiānggǎng.
③ 我去过香港也一次。
④ 我香港一次也去过。

動作の回数をいう場合,「動詞+回数+目的語」の順に並べます。「…も」を表す"也"は副詞ですので,動詞"去"の前に置きます。

2. <u>日文中訳(語順整序)</u>:与えられた語句を用いて正確に文を組み立てることができるかどうかが問われています。　　　　　　　　　　　　　　(2点×5)

(6) 彼女は今年日本に来たばかりです。
她　② 今年　[❹刚]　③ 来　① 日本。
Tā jīnnián gāng lái Rìběn.

「…したばかり」という場合,「"刚"+動詞」の形になります。「今年」のような動作の時点を表す語は,動詞句の前に置きます。

(7) あの DVD はもう売っていません。
那个 DVD　② 已经　④ 不　[❸卖]　① 了。
Nàge DVD yǐjīng bú mài le.

96

「もう…していない」，「すでに…しなくなった」という場合，「"已经" ＋"不"＋動詞＋"了"」という形になります。

(8) 中国の高鉄（高速鉄道）は日本の新幹線とほぼ同じです。
中国的高铁　[　❸和　]　① 日本的新干线　② 差不多。
Zhōngguó de gāotiě hé Rìběn de xīngànxiàn chàbuduō.

「AはBと同じだ」は「A＋"和・跟"＋B＋"一样"」，「AはBとほぼ同じだ」は「A＋"和・跟"＋B＋"差不多"」となります。"差不多"は「たいして違わない，大差ない」という意味です。

(9) 学校は海からとても近いです。
② 学校　[　❶离　]　④ 海　③ 很近。
Xuéxiào lí hǎi hěn jìn.

「AはBから遠い・近い」とAのBからの隔たりをいう場合，「A＋"离"＋B＋形容詞句」という形になります。

(10) みんなが彼女のやり方はなかなかよいと言った。
大家　④ 都　① 说　③ 她的办法　[　❷不错　]。
Dàjiā dōu shuō tā de bànfǎ búcuò.

「AはBと言う」は，「A＋"说"＋B」となります。"都"は「すべて，みな」という意味の副詞で，動詞（ここでは"说"）の前に置きます。

4 長文読解

解答：(1)❹　(2)❸　(3)❶　(4)❸　(5)❶　(6)❹

空欄補充と内容理解：まとまった内容をもつ長文を正確に理解しているかどうかを，キーワードを正しく空欄に補充させることによって問うています。

　　我在一所大学学习国际贸易，下个月就二年级了。去年四月入学的时候，老师 (1)对 我们说："除了专业知识以外，外语也很重要。你们不但要学好英语，而且还应该学好第二外语。 (2)因为 你们的专业是国际贸易，毕业以后可能做和外国有关系的工作，还可能去国外工作。"

现在中国的经济发展很快，中国和日本在各个方面的交流也越来越多。我们的不少日常生活用品，都是中国产 (3)的 。听说日本产品在中国国内也非常受欢迎，每年都有很多中国人来日本旅行，买日本的商品。想到这些，我决定第二外语学习汉语。(4)我想将来使用汉语的机会一定会更多。

老师告诉我们，汉语是使用汉字的语言，(6)有的汉字、词的意思和日语一样，也有的意思和日语完全不同。例如："大学"、"社会"等一样，(5)但是／不过／可是 "娘"、"酷"等不一样。(6)汉语的"娘"是"妈妈"，"酷"还有英语的"cool"的意思。学习汉语真有趣。

Wǒ zài yì suǒ dàxué xuéxí guójì màoyì, xià ge yuè jiù èr niánjí le. Qùnián sìyuè rùxué de shíhou, lǎoshī duì wǒmen shuō: "Chúle zhuānyè zhīshi yǐwài, wàiyǔ yě hěn zhòngyào. Nǐmen búdàn yào xuéhǎo Yīngyǔ, érqiě hái yīnggāi xuéhǎo dì èr wàiyǔ. Yīnwèi nǐmen de zhuānyè shì guójì màoyì, bìyè yǐhòu kěnéng zuò hé wàiguó yǒu guānxi de gōngzuò, hái kěnéng qù guówài gōngzuò."

Xiànzài Zhōngguó de jīngjì fāzhǎn hěn kuài, Zhōngguó hé Rìběn zài gè ge fāngmiàn de jiāoliú yě yuè lái yuè duō. Wǒmen de bù shǎo rìcháng shēnghuó yòngpǐn, dōu shì Zhōngguó chǎn de . Tīngshuō Rìběn chǎnpǐn zài Zhōngguó guónèi yě fēicháng shòu huānyíng, měi nián dōu yǒu hěn duō Zhōngguórén lái Rìběn lǚxíng, mǎi Rìběn de shāngpǐn. Xiǎngdào zhèxiē, wǒ juédìng dì èr wàiyǔ xuéxí Hànyǔ. (4)Wǒ xiǎng jiānglái shǐyòng Hànyǔ de jīhui yídìng huì gèng duō.

Lǎoshī gàosu wǒmen, Hànyǔ shì shǐyòng Hànzì de yǔyán, yǒude Hànzì, cí de yìsi hé Rìyǔ yíyàng, yě yǒude yìsi hé Rìyǔ wánquán bùtóng. Lìrú:"dàxué"、"shèhuì"děng yíyàng, (5) dànshì/búguò/kěshì "niáng"、"kù" děng bù yíyàng. Hànyǔ de "niáng" shì "māma", "kù" hái yǒu Yīngyǔ de "cool" de yìsi. Xuéxí Hànyǔ zhēn yǒuqù.

訳：

わたしはある大学で国際貿易を勉強しており，来月2年生になります。去年の4月に入学した時，先生はわたしたちに，「専門知識のほかに，外国語も大切です。君たちは英語を習得するだけでなく，第2外国語もしっかり学ぶべきです。なぜならば，君たちの専門は国際貿易ですから，卒業後は外国と関係する仕事をするだろうし，外国に行って働くかもしれないからです」と言われました。

今，中国の経済発展のスピードは速く，中国と日本の各方面における交流もますます頻繁になっています。例えば，わたしたちが使っている日用品の多く

は中国産です。一方，日本製品は中国国内でも非常に人気があり，毎年おおぜいの中国人が日本に旅行に来て，日本の商品を買っていると言います。こうしたことを念頭に，わたしは第2外国語は中国語に決めました。(4)わたしは，将来中国語を使う機会はもっと増えるに違いないと考えています。

　先生はわたしたちに，中国語は漢字を使う言語だが，(6)漢字や単語の意味は，日本語と同じであったり，全く違ったりすると言われました。例えば，「大学」「社会」などは同じですが，「娘」「酷」などは同じではありません。(6)中国語の"娘"は「母親」の意味ですし，"酷"には英語の「cool」の意味もあります。中国語を勉強するのは，本当に面白いです。

(1) 空欄補充　　　　　　　　　　　　　　　　　　　　　　(3点)

　　① 从 cóng　　② 往 wǎng　　③ 到 dào　　❹ 对 duì

　　　介詞（前置詞）の使い方の問題です。ここは「先生はわたしたちに…と言われた」という意味ですので，動作の対象を導く④"対"が入ります。①"从"は動作の起点を，②"往"は動作の方向を，③"到"は動作の到達点を表します。

(2) 空欄補充　　　　　　　　　　　　　　　　　　　　　　(3点)

　　① 虽然 suīrán　　② 如果 rúguǒ　　❸ 因为 yīnwei　　④ 所以 suǒyǐ

　　　ここは第2外国語が重要な理由を述べる部分の冒頭ですので，原因・理由を述べるときに用いる③"因为"が入ります。①"虽然"は逆接を，②"如果"は仮定を，④"所以"は結果・結論を表すときに用います。

(3) 空欄補充　　　　　　　　　　　　　　　　　　　　　　(3点)

　　❶ 的 de　　② 过 guo　　③ 了 le　　④ 着 zhe

　　　ここは「日用品の多くは中国産のものだ」と，「日用品」を省略して「…のもの」と言っている部分です。したがって，名詞を省略するときに用いる①"的"を入れます。②"过"は動作の経験を，③"了"は完了を，④"着"は状態の持続を表します。

(4) 下線部解釈　　　　　　　　　　　　　　　　　　　　　(4点)

　　① わたしは，将来もっと多くの機会を利用して中国語を使いたいと考えている。

② わたしは，将来中国語を使用する機会がある程度あると考えている。
❸ わたしは，将来中国語を使う機会はもっと増えるに違いないと考えている。
④ わたしは，将来中国語を使う機会に一定の増加があってほしいと考えている。

> 下線部(4)は"我想／将来使用汉语的机会一定会更多"と区切ることができます。わたしは"将来使用汉语的机会一定会更多"と考えているということです。また，考えている内容を表す部分のうち，"使用汉语的机会"が主部，"一定会更多"が述部であることを的確に押さえましょう。"一定会…"は「きっと…するはずだ」という意味です。したがって，正解は③です。

(5) 空欄補充 (3点)

❶ 为了 wèile　② 但是 dànshì　③ 不过 búguò　④ 可是 kěshì

> ここでは適当ではないものを選びます。(5)の前後は，同じであるもの（"大学""社会"）と同じというわけではないもの（"娘""酷"）が並んでいます。したがって，(5)には逆接を表す語が入ります。②③④はいずれも逆接ですが，①"为了"だけは目的・理由を述べるときに用いる語ですので当てはまりません。したがって，①が正解です。

(6) 内容の一致 (4点)

① 老师认为第二外语比英语重要。
Lǎoshī rènwéi dì èr wàiyǔ bǐ Yīngyǔ zhòngyào.
先生は第2外国語は英語より重要だと考えている。

② 我在大学学了两年汉语了。
Wǒ zài dàxué xuéle liǎng nián Hànyǔ le.
わたしは大学で中国語を勉強して2年になる。

③ 很多日本人去中国旅行。
Hěn duō Rìběnrén qù Zhōngguó lǚxíng.
多くの日本人が中国へ旅行に行く。

❹ 日语和汉语的"娘"的意思不一样。
Rìyǔ hé Hànyǔ de "niáng" de yìsi bù yíyàng.
日本語と中国語の「娘」の意味は同じではない。

先生は"你们不但要学好英语，而且还应该学好第二外语"と第２外国語の重要性を述べていますが，①のように「英語よりも重要だ」とは言っていません。"我在一所大学学习国际贸易，下个月就二年级了"と述べており，わたしはまもなく２年生になると言っているので，②は不適当です。また，"听说…每年都有很多中国人来日本旅行"とあるとおり，中国人が日本に旅行に来るのであって，③の内容とは逆です。"有的汉字、词的意思…和日语完全不同"，"汉语的'娘'是'妈妈'…"から，④が正解であることがわかります。

5 日文中訳（記述式） (4点×5)

(1) わたしたちはあしたどこで会いましょうか。
　　我们明天在哪儿见面？　Wǒmen míngtiān zài nǎr jiànmiàn?

　　　「…で会う」という場合，「"在"＋場所＋"见面"」となります。問題では場所を示す語が"哪儿"または"哪里"という疑問詞になりますから，文末に"吗"を付けないようにしましょう。「どこ」は"哪儿""哪里"の代わりに"什么地方"としてもかまいません。

(2) あそこに紙が３枚あります。
　　那里有三张纸。Nàli yǒu sān zhāng zhǐ.

　　　「…に…がある・いる」という存在を表す文です。「場所＋"有"＋…」の語順となります。紙を数える量詞（助数詞）は"张"です。

(3) 彼はちょうど音楽を聴いているところです。
　　他正在听音乐呢。Tā zhèngzài tīng yīnyuè ne.

　　　「ちょうど…しているところだ」という場合，"正在"または"正"を動詞の前に置いて進行形にします。進行形では，しばしば文末に語気助詞"呢"が置かれます。

(4) あの問題もあまり難しくありません。
　　那个问题也不太难。Nàge wèntí yě bú tài nán.

　　　「あの…」「この…」という場合,「指示代詞＋量詞＋名詞」となります。「あまり…でない」「それほど…でない」は部分否定で，"不太…""不很…"などと言います。

101

⑸これはどこの国の国歌ですか。

这是哪个国家的国歌？　Zhè shì năge guójiā de guógē?

>　「どこの国」というと，つい"哪儿／哪里"を使いたくなりますが，これは「どこに位置している国」という意味になります。ここは"哪个国家"または"哪国"と言います。注意しましょう。

補充練習帳

日本中国語検定協会のご指導の下に，白帝社編集部で編んだものです。4級の基礎固めにご活用ください。

2音節語の声調の組み合わせ …………………… 104
名詞と量詞の組み合わせ ……………………… 106
日文中訳問題ワンポイント・アドバイス ……112

2音節語の声調の組み合わせ

　中検4級および3級の試験において，これまでに声調の組み合わせを問う問題として出題された単語の一部を整理してみました。各組み合わせ3語のうち初めの2語は名詞，後の1語は動詞です。いずれも基本的な語彙ばかりです。繰り返し音読して2音節語の声調の組み合わせを身に付けましょう。

1. 第1声＋第1声
   - □ 飞机 fēijī　　　　飛行機
   - □ 公司 gōngsī　　　会社
   - □ 开车 kāichē　　　車を運転する

2. 第1声＋第2声
   - □ 公园 gōngyuán　　公園
   - □ 新闻 xīnwén　　　ニュース
   - □ 帮忙 bānmáng　　手伝う

3. 第1声＋第3声
   - □ 黑板 hēibǎn　　　黒板
   - □ 铅笔 qiānbǐ　　　鉛筆
   - □ 开始 kāishǐ　　　始める

4. 第1声＋第4声
   - □ 工作 gōngzuò　　　仕事，業務
   - □ 商店 shāngdiàn　　商店，店
   - □ 关照 guānzhào　　　世話をする

5. 第1声＋軽声
   - □ 窗户 chuāng·hu　　窓
   - □ 西瓜 xī·guā　　　スイカ
   - □ 商量 shāng·liang　相談する

6. 第2声＋第1声
   - □ 房间 fángjiān　　部屋，ルーム
   - □ 毛巾 máojīn　　　タオル
   - □ 滑冰 huábīng　　スケートをする

7. 第2声＋第2声
   - □ 银行 yínháng　　銀行
   - □ 邮局 yóujú　　　郵便局
   - □ 学习 xuéxí　　　学習する

8. 第2声＋第3声
   - □ 啤酒 píjiǔ　　　　ビール
   - □ 苹果 píngguǒ　　　リンゴ
   - □ 游泳 yóuyǒng　　　泳ぐ

9. 第2声＋第4声
   - □ 节目 jiémù　　　番組
   - □ 名片 míngpiàn　名刺
   - □ 同意 tóngyì　　同意する

10. 第2声＋軽声
    - □ 名字 míng·zi　　名前
    - □ 朋友 péng·you　友人
    - □ 觉得 jué·de　　覚える，感じる

〈軽声について〉　軽声になる音節の前には chuāng·hu（窗户）のように・印を付けてあります。xī·guā（西瓜），fù·qīn（父亲）のように・印の後の音節に声調が付いているものは，その音節が場合によって軽声にも非軽声にも発音されることを示しています。

11　第3声＋第1声
- 老师 lǎoshī　　（学校の）先生
- 手机 shǒujī　　携帯電話
- 打工 dǎgōng　　アルバイトをする

12　第3声＋第2声
- 导游 dǎoyóu　　旅行ガイド
- 法国 Fǎguó　　フランス
- 旅行 lǚxíng　　旅行する

13　第3声＋第3声
- 手表 shǒubiǎo　　腕時計
- 水果 shuǐguǒ　　果物
- 洗澡 xǐzǎo　　入浴する

14　第3声＋第4声
- 比赛 bǐsài　　競技，試合
- 领带 lǐngdài　　ネクタイ
- 访问 fǎngwèn　　訪ねる

15　第3声＋軽声
- 耳朵 ěr·duo　　耳
- 眼睛 yǎn·jing　　目
- 喜欢 xǐ·huan　　好む，好きである

16　第4声＋第1声
- 电梯 diàntī　　エレベーター
- 面包 miànbāo　　パン
- 上班 shàngbān　　出勤する

17　第4声＋第2声
- 课文 kèwén　　テキストの本文
- 面条 miàntiáo　　うどん
- 上学 shàngxué　　学校へ行く

18　第4声＋第3声
- 报纸 bàozhǐ　　新聞
- 电脑 diànnǎo　　コンピューター
- 跳舞 tiàowǔ　　ダンスをする

19　第4声＋第4声
- 电视 diànshì　　テレビ
- 饭店 fàndiàn　　ホテル
- 毕业 bìyè　　卒業する

20　第4声＋軽声
- 父亲 fù·qīn　　お父さん
- 豆腐 dòu·fu　　豆腐
- 告诉 gào·su　　告げる，知らせる

名詞と量詞の組み合わせ

"量詞 liàngcí" と称される助数詞が名詞と組み合わせて使われることは中国語の大きな特色の一つである。

日本語でも助数詞はよく使われるが，中国語ほど豊富ではないし，また中国語と一致しないものが多い。

例えば「椅子」。日本語がこれを「脚」で数えるのは，言うまでもなく椅子が脚を有するからであり，中国語がこれを"把 bǎ"で数えるのは背もたれの部分が握れるからであろう。

一方，同じく腰を下ろす道具であっても，寄りかかることのできない，すなわち握る部分のない"凳子 dèngzi"になると，"把"で数えることができず，腰を下ろす部分の平らな面に注目して"张 zhāng"を用いることになる。

この"张"が「紙」や「机」を数えるのに用いられることは，どのテキストにも出ている。共に「平らな面」を有することに注目してのことである。

日本語からの安易な類推は禁物である。中国語の発想に沿って，しっかり組み合わせを覚えよう。

把 bǎ	一把椅子	yì bǎ yǐzi	1脚の椅子
	一把伞	yì bǎ sǎn	1本の傘
	一把剪刀	yì bǎ jiǎndāo	1挺（ちょう）のはさみ
	一把钥匙	yì bǎ yàoshi	1本のかぎ
	一把梳子	yì bǎ shūzi	1本のくし
	一把叉子	yì bǎ chāzi	1本のフォーク
	一把壶	yì bǎ hú	1個のやかん
包 bāo	一包茶叶	yì bāo cháyè	1包みの茶葉
	一包糖	yì bāo táng	1包みのあめ
	一包烟	yì bāo yān	1箱のタバコ；通常は20本入
杯 bēi	一杯茶	yì bēi chá	1杯のお茶
	一杯咖啡	yì bēi kāfēi	1杯のコーヒー
	一杯酒	yì bēi jiǔ	1杯の酒
本 běn	一本书	yì běn shū	1冊の本
	一本杂志	yì běn zázhì	1冊の雑誌
	一本词典	yì běn cídiǎn	1冊の辞書

笔 bǐ	一笔钱	yì bǐ qián	1口のお金
部 bù	一部词典	yí bù cídiǎn	1セットの辞書
	一部电影	yí bù diànyǐng	1本の映画
	一部电视剧	yí bù diànshìjù	1本のテレビドラマ
	一部小说	yí bù xiǎoshuō	1部の小説；長編の
场 cháng	一场雨	yì cháng yǔ	ひとしきりの雨
场 chǎng	一场电影	yì chǎng diànyǐng	1本の映画；上映回数
	一场球赛	yì chǎng qiúsài	1試合の球技
串 chuàn	一串钥匙	yí chuàn yàoshi	1束のかぎ
	一串葡萄	yí chuàn pútao	1房のぶどう
	一串珠子	yí chuàn zhūzi	1本の真珠のネックレス
床 chuáng	一床被子	yì chuáng bèizi	1枚の掛けぶとん
	一床褥子	yì chuáng rùzi	1枚の敷きぶとん
撮 cuō	一撮盐	yì cuō yán	1つまみの塩
沓 dá	一沓钞票	yì dá chāopiào	1束の紙幣
袋 dài	一袋饼干	yí dài bǐnggān	1袋のビスケット
	一袋粮食	yí dài liángshi	1袋の穀物
	一袋水泥	yí dài shuǐní	1袋のセメント
道 dào	一道缝儿	yí dào fèngr	1筋の割れ目・隙間
	一道墙	yí dào qiáng	1枚の塀
	一道命令	yí dào mìnglìng	1つの命令
	一道数学题	yí dào shùxuétí	1題の数学の問題
	一道菜	yí dào cài	1種類の料理；コースの中の
顶 dǐng	一顶帽子	yì dǐng màozi	1個の帽子
	一顶蚊帐	yì dǐng wénzhàng	1張りの蚊帳
栋 dòng	一栋楼房	yí dòng lóufáng	1棟のビル
段 duàn	一段路	yí duàn lù	1区間の道
	一段时间	yí duàn shíjiān	1区切りの時間
堆 duī	一堆垃圾	yì duī lājī	1山のごみ
对 duì	一对花瓶	yí duì huāpíng	1対の花瓶
	一对夫妇	yí duì fūfù	1組の夫婦
顿 dùn	一顿饭	yí dùn fàn	1度の食事
朵 duǒ	一朵花	yì duǒ huā	1輪の花

	一朵云	yì duǒ yún	1かたまりの雲
发 fā	一发子弹	yì fā zǐdàn	1発の銃弾
番 fān	一番功夫	yì fān gōngfu	1つの苦心・工夫
方 fāng	一方端砚	yì fāng duānyàn	1面の端渓石で作った硯（すずり）
份 fèn	一份快餐	yí fèn kuàicān	1人前のファストフード
	一份妆奁	yí fèn zhuānglián	1組の嫁入り道具
	一份报纸	yí fèn bàozhǐ	1部の新聞
	一份文件	yí fèn wénjiàn	1式の書類
封 fēng	一封信	yì fēng xìn	1通の手紙
	一封银子	yì fēng yínzi	1包みの銀子（ぎんす）
峰 fēng	一峰骆驼	yì fēng luòtuo	1頭のらくだ
幅 fú	一幅棉布	yì fú miánbù	1枚の綿布
	一幅挂图	yì fú guàtú	1幅の掛け図
服 fù	一服中药	yí fù zhōngyào	1服の漢方薬
副 fù	一副眼镜	yí fù yǎnjìng	1本のめがね
	一副手套	yí fù shǒutào	1足の手袋
	一副对联	yí fù duìlián	1組の対聯（ついれん）
	一副笑脸	yí fù xiàoliǎn	1つの笑顔
杆 gǎn	一杆枪	yì gǎn qiāng	1挺（ちょう）の鉄砲
	一杆秤	yì gǎn chèng	1台のさおばかり
缸 gāng	一缸白酒	yì gāng báijiǔ	1かめの白酒；蒸留酒の一種
	一缸泡菜	yì gāng pàocài	1かめの泡菜；漬け物の一種
	一缸金鱼	yì gāng jīnyú	1鉢の金魚
个 ge	一个女孩儿	yí ge nǚháir	1人の女の子
	一个苹果	yí ge píngguǒ	1つのりんご
	一个句子	yí ge jùzi	1つの文（センテンス）
	一个问题	yí ge wèntí	1つの問題・質問
	一个星期	yí ge xīngqī	1週間
	一个春天	yí ge chūntiān	一春（ひとはる）
根 gēn	一根火柴	yì gēn huǒchái	1本のマッチ
	一根绳子	yì gēn shéngzi	1本の縄・ひも
	一根烟	yì gēn yān	1本のタバコ
	一根头发	yì gēn tóufa	1本の髪の毛

钩 gōu	一钩月亮	yì gōu yuèliang	1つの三日月
股 gǔ	一股水流	yì gǔ shuǐliú	1筋の流れ；小川など
	一股香味儿	yì gǔ xiāngwèir	ただよってくるよいにおい
	一股力气	yì gǔ lìqi	みなぎる力
挂 guà	一挂鞭炮	yí guà biānpào	1連の爆竹
	一挂葡萄	yí guà pútao	1房のぶどう
	一挂珠子	yí guà zhūzi	1本の真珠；じゅず状の
管 guǎn	一管毛笔	yì guǎn máobǐ	1本の筆
	一管日光灯	yì guǎn rìguāngdēng	1本の蛍光灯
锅 guō	一锅开水	yì guō kāishuǐ	1鍋の湯
	一锅米饭	yì guō mǐfàn	1釜のめし
行 háng	一行字	yì háng zì	1行の文字
	一行大树	yì háng dàshù	1並びの大木
盒 hé	一盒火柴	yì hé huǒchái	1箱のマッチ
	一盒烟	yì hé yān	1箱のタバコ
壶 hú	一壶茶	yì hú chá	1ポットのお茶
伙 huǒ	一伙坏人	yì huǒ huàirén	1群の悪党
	一伙流氓	yì huǒ liúmáng	1群のならず者
件 jiàn	一件毛衣	yí jiàn máoyī	1枚のセーター
	一件行李	yí jiàn xíngli	1個の荷物
	一件事情	yí jiàn shìqing	1つの事柄
节 jié	一节课	yì jié kè	1時限の授業
	一节电池	yì jié diànchí	1本の電池
	一节车厢	yì jié chēxiāng	1両の車両
棵 kē	一棵树	yì kē shù	1本の樹木
颗 kē	一颗子弹	yì kē zǐdàn	1発の弾丸
	一颗星星	yì kē xīngxing	1粒の星
口 kǒu	一口人	yì kǒu rén	1人の家族
	一口猪	yì kǒu zhū	1匹（頭）の豚
块 kuài	一块肉	yí kuài ròu	一塊(ひとかたまり)の肉
	一块面包	yí kuài miànbāo	塊(ひとかたまり)のパン
	一块手表	yí kuài shǒubiǎo	1つの腕時計
辆 liàng	一辆汽车	yí liàng qìchē	1台の自動車

	一辆自行车	yí liàng zìxíngchē	1台の自転車
枚 méi	一枚金牌	yì méi jīnpái	1枚の金メダル
	一枚火箭	yì méi huǒjiàn	1本のロケット
门 mén	一门课	yì mén kè	1つの科目
	一门学问	yì mén xuéwen	1分野の学問
	一门大炮	yì mén dàpào	1台の大砲
面 miàn	一面镜子	yí miàn jìngzi	1枚の鏡
	一面红旗	yí miàn hóngqí	1枚の赤い旗
匹 pǐ	一匹马	yì pǐ mǎ	1頭の馬
	一匹棉布	yì pǐ miánbù	1疋の綿布
篇 piān	一篇文章	yì piān wénzhāng	1編の文章
	一篇小说	yì piān xiǎoshuō	1編の小説
瓶 píng	一瓶啤酒	yì píng píjiǔ	1びん（本）のビール
首 shǒu	一首诗	yì shǒu shī	1首の詩
	一首歌	yì shǒu gē	1曲の歌
双 shuāng	一双手	yì shuāng shǒu	両方の手
	一双眼睛	yì shuāng yǎnjing	左右の目
	一双鞋	yì shuāng xié	1足の靴
所 suǒ	一所学校	yì suǒ xuéxiào	1校の学校
	一所医院	yì suǒ yīyuàn	1軒の病院
	一所房子	yì suǒ fángzi	1軒の家
台 tái	一台电脑	yì tái diànnǎo	1台のパソコン
	一台电视机	yì tái diànshìjī	1台のテレビ
套 tào	一套家具	yí tào jiājù	家具1セット
	一套西服	yí tào xīfú	洋服1そろい；三つぞろいなど
条 tiáo	一条河	yì tiáo hé	1筋の川
	一条裤子	yì tiáo kùzi	1本のズボン
	一条狗	yì tiáo gǒu	1匹の犬
头 tóu	一头牛	yì tóu niú	1頭の牛
碗 wǎn	一碗粥	yì wǎn zhōu	1碗のおかゆ
	一碗面条	yì wǎn miàntiáo	1碗のうどん
位 wèi	一位客人	yí wèi kèren	1人のお客様
眼 yǎn	一眼井	yì yǎn jǐng	1基の井戸

样 yàng	一样菜	yí yàng cài	1種類の料理
张 zhāng	一张纸	yì zhāng zhǐ	1枚の紙
	一张票	yì zhāng piào	1枚のチケット
	一张桌子	yì zhāng zhuōzi	1脚の机
支(枝) zhī	一支铅笔	yì zhī qiānbǐ	1本の鉛筆
	一支烟	yì zhī yān	1本のタバコ
只 zhī	一只猫	yì zhī māo	1匹の猫
	一只手	yì zhī shǒu	片方の手
座 zuò	一座山	yí zuò shān	1座の山
	一座钟	yí zuò zhōng	1個の置時計
	一座城市	yí zuò chéngshì	1つの都市

タバコはどう数える？

　このリストの中にタバコが4度出ている。"根"は棒状の物を数えるのに用いる量詞であるから、"一根烟"は「1本のタバコ」ということになる。一方、"盒"は蓋つきの小箱のことであるから（名詞として単用する場合は接尾辞を添えて"盒子 hézi"）、"一盒烟"はそういう器に入れられた状態のタバコということで、本数にはかかわりない。

　さらに、"一包烟"。通常は20本を1パックにして、市販されているものがこれである。空港の免税店などで見られる、この20本入りの小箱を10個詰めたものが"一条烟"、すなわち1カートンである。カートン carton、厚紙の意であるから、もともとは厚紙製の箱に詰められていたのであろう。10箱詰めると細長い形状を呈するところから、中国語ではこれを"条"で数える。

　今回、訳出に困らされたのは"一股香味儿""一股力气"である。"一股水流"からわかるように、"股"は長く伸びていくものを数えるのに使われる。気体やにおいは目でとらえにくいが、これも長く伸びていくものとして、"股"で数える。"一股力气"になるといっそうわかりにくいが、力をみなぎりわいてくるものとしてとらえて"股"を用いるのであろう。(U)

日文中訳問題ワンポイント・アドバイス

　4級筆記問題の第5問は日文中訳で，毎回10字〜20字程度の日本語の文を中国語に改める問題が出題されています。いずれも入門段階で学ぶ文法の基本に沿ったものばかりです。解答に当たっては，ただ漫然と文を組み立てるのではなく，何が要求されているかをよく考えたうえで答案を作成することが大切です。

第77回（2012年6月）

(1) 黒板に彼の名前が書いてあります。
　　黒板上写着他的名字。Hēibǎn shang xiězhe tā de míngzi.

> ある場所に何かが存在することを表す文ですから，「場所＋動詞＋存在するもの」の順で表現します。

(2) 郵便局は駅の向かいにあります。
　　邮局在车站（的）对面。Yóujú zài chēzhàn (de) duìmiàn.

> 「…に…がある」という場合の「ある」は"在"を用い，「"在"＋場所」の順に並べます。「向かい」は"对面(儿)"です。

(3) 去年の夏，大阪は暑かった。
　　去年夏天大阪很热。Qùnián xiàtiān Dàbǎn hěn rè.

> 「暑かった」と過去のことを言っていますが，"很热了"としてはいけません。また，ただ"热"とするのではなく，"很"を添えることを忘れずに。

(4) あなたも野球を観るのが好きですか。
　　你也喜欢看棒球（比赛）吗？Nǐ yě xǐhuan kàn bàngqiú (bǐsài) ma?

> 日本語では「野球が好きだ」だけでも通じますが，中国語はどうすることが好きなのかを言います。

(5) 彼は入浴中です。
　　他正在洗澡呢。Tā zhèngzài xǐzǎo ne.

> 動作が進行中であることをいうには動詞の前に"正在""正""在"などを置きます。"正在…呢"は進行中であることを強調する表現です。

第78回（2012年11月）

(1) 午後も雨が降りますか。

　　下午也下雨吗？ Xiàwǔ yě xià yǔ ma?

　　　「雨が降る」は"刮风"（guā fēng—風が吹く），"下雪"（xià xuě—雪が降る）などと同じく，動詞を先に言います。

(2) 図書館へはどのように行きますか。

　　去图书馆，怎么走？ Qù túshūguǎn, zěnme zǒu?

　　　「図書館へ」の「へ」は"去"で表します。「どのように行く」は，"怎么"を用いて"怎么走"とします。

(3) 机の上に傘が1本置いてあります。

　　桌子上放着一把伞。Zhuōzi shang fàngzhe yì bǎ sǎn.

　　　第77回の(1)と同じくある場所に何かが存在することを表す文です。動詞"放"のあとに"着"を付けることを忘れずに。「傘」の助数詞は"把"です。

(4) わたしは9時から12時まで用事があります。

　　我从9点到12点有事。Wǒ cóng jiǔ diǎn dào shí'èr diǎn yǒu shì.

　　　「…から…まで」は"从…到…"とします。"有事"は"有事情"としてもかまいません。

(5) あさってわたしは友人に会いに行くつもりです。

　　后天我打算去跟朋友见面。Hòutiān wǒ dǎsuan qù gēn péngyou jiànmiàn.

　　　「…するつもり」は"打算"を用います。"跟朋友见面"は"看朋友"でもかまいません。"见面朋友"と言うことはできません。

第79回（2013年3月）

(1) わたしは毎朝7時に朝食をとります。

　　我每天早上七点吃早饭。Wǒ měi tiān zǎoshang qī diǎn chī zǎofàn.

　　　「毎朝7時に」は日本語と同じく"每天""早上""七点"とだんだん範囲を絞るように並べます。"早上"は"早晨"（zǎochen）としてもかまいません。

(2) この会社には若い人が少ない。

这个公司年轻人很少。Zhège gōngsī niánqīngrén hěn shǎo.

> "这个公司"を主語の位置に置いたうえで，"年轻人很少"という文の形をした述語を用います。"很少"は"不多"としてもかまいません。

(3) わたしは万里の長城に行ったことがあります。

我去过(万里)长城。Wǒ qùguo (Wàn Lǐ) Chángchéng.

> 「…したことがある」という経験を表す文ですから，動詞の後ろに"过"を添えます。"去过"は"到过"としてもかまいません。

(4) 彼らは図書館で読書しています。

他们在图书馆看书。Tāmen zài túshūguǎn kàn shū.

> 「…で」と場所を表すには介詞"在"を用い，出来上がった介詞フレーズを動詞の前に置きます。

(5) 青島の夏は広州ほど暑くありません。

青岛的夏天没有广州热。Qīngdǎo de xiàtiān méiyǒu Guǎngzhōu rè.

> 「AはBほど…でない」という比較の表現は"A没有B…"とします。"A没有B那么…"と"那么"(nàme)を加えることもできます。

114

中国語検定試験について

　一般財団法人 日本中国語検定協会が実施し，中国語運用能力を認定する試験です。受験資格の制限はありません。また，目や耳，肢体などが不自由な方には特別対応を講じます。中国語検定試験の概要は以下のとおりです。詳しくは後掲(p.118)の日本中国語検定協会のホームページや，協会が発行する「受験案内」をご覧いただくか，協会に直接お問い合わせください。

認定基準と試験内容

準4級	**中国語学習の準備完了** 学習を進めていく上での基礎的知識を身につけていること。 (学習時間60～120時間。一般大学の第二外国語における第一年度前期修了，高等学校における第一年度通年履修，中国語専門学校・講習会などにおいて半年以上の学習程度。) 基礎単語約500語（簡体字を正しく書けること），ピンイン（表音ローマ字）の読み方と綴り方，単文の基本文型，簡単な日常挨拶語約50～80。
4　級	**中国語の基礎をマスター** 平易な中国語を聞き，話すことができること。 (学習時間120～200時間。一般大学の第二外国語における第一年度履修程度。) 単語の意味，漢字のピンイン（表音ローマ字）への表記がえ，ピンインの漢字への表記がえ，常用語500～1,000による中国語単文の日本語訳と日本語の中国語訳。
3　級	**自力で応用力を養いうる能力の保証（一般的事項のマスター）** 基本的な文章を読み，書くことができること。 簡単な日常会話ができること。 (学習時間200～300時間。一般大学の第二外国語における第二年度履修程度。) 単語の意味，漢字のピンイン（表音ローマ字）への表記がえ，ピンインの漢字への表記がえ，常用語1,000～2,000による中国語複文の日本語訳と日本語の中国語訳。
2　級	**実務能力の基礎づくり完成の保証** 複文を含むやや高度の中国語の文章を読み，3級程度の文章を書くことができること。 日常的な話題での会話が行えること。 単語・熟語・慣用句の日本語訳・中国語訳，多音語・軽声の問題，語句の用法の誤り指摘，100～300字程度の文章の日本語訳・中国語訳。

準1級	**実務に即従事しうる能力の保証（全般的事項のマスター）** 社会生活に必要な中国語を基本的に習得し，通常の文章の中国語訳・日本語訳，簡単な通訳ができること。 （一次）新聞・雑誌・文学作品・実用文などやや難度の高い文章の日本語訳・中国語訳。 （二次）簡単な日常会話と口頭での中文日訳及び日文中訳など。
1　級	**高いレベルで中国語を駆使しうる能力の保証** 高度な読解力・表現力を有し，複雑な中国語及び日本語（例えば挨拶・講演・会議・会談など）の翻訳・通訳ができること。 （一次）時事用語も含む難度の高い文章の日本語訳・中国語訳。熟語・慣用句などを含む総合問題。 （二次）日本語と中国語の逐次通訳。

日程と時間割

　準4級，4級，3級，2級及び準1級の一次試験は3月，6月，11月の第4日曜日の年3回，1級の一次試験は11月の第4日曜日の年1回実施されます。

　一次試験は次の時間割で行われ，午前の級と午後の級は併願ができます。

午　前			午　後		
級	集合時間	終了予定時間	級	集合時間	終了予定時間
準4級	10:00	11:15	4　級	13:30	15:25
3　級		11:55	2　級		15:45
準1級		12:15	1　級		15:45

　準1級と1級の二次試験は，一次試験合格者を対象に，一次が3月，6月の場合は5週間後，一次が11月の場合は1月の第2日曜日に行われます。（協会ホームページに日程掲載。）

受験会場

　全国主要都市に47か所，海外は北京，上海，大連，西安，広州，香港，台北，シンガポールの8か所が予定されています（2016年4月現在）。二次試験は，準1級が東京，大阪，仙台，名古屋，福岡と上海，1級が東京で行われます。ただし，準1級の仙台，名古屋，福岡は，受験者数が10名に満たない場合，上海は5名に満たない場合，東京または大阪を指定されることがあります。

受験申込

郵送かインターネットで申込ます。受験料は次のとおりです。

級	郵送による申込	インターネットによる申込
準4級	3,100 円	3,000 円
4 級	3,800 円	3,700 円
3 級	4,800 円	4,700 円
2 級	7,000 円	6,800 円
準1級	7,700 円	7,500 円
1 級	8,700 円	8,500 円

(2016年4月現在)

出題・解答の方式，配点，合格基準点

級	種類	方式	配点	合格基準点
準4級	リスニング	選択式	50点	60点
	筆記	選択式・記述式	50点	
4級	リスニング	選択式	100点	60点
	筆記	選択式・記述式	100点	60点
3級	リスニング	選択式	100点	65点
	筆記	選択式・記述式	100点	65点
2級	リスニング	選択式	100点	70点
	筆記	選択式・記述式	100点	70点
準1級	リスニング	選択式・記述式	100点	75点
	筆記	選択式・記述式	100点	75点
1級	リスニング	選択式・記述式	100点	85点
	筆記	選択式・記述式	100点	85点

・解答は，マークシートによる選択式及び一部記述式を取り入れています。また，録音によるリスニングを課し，特に準1級，1級にはリスニングによる書き取りを課しています。

- 記述式の解答は，簡体字の使用を原則としますが，2級以上の級については特に指定された場合を除き，簡体字未習者の繁体字の使用は妨げません。但し，字体の混用は減点の対象となります。
- 4級～1級は，リスニング・筆記ともに合格基準点に達していないと合格できません。
- 準4級の合格基準点は，リスニング・筆記を合計した点数です。
- 準4級は合格基準点に達していてもリスニング試験を受けていないと不合格となります。
- 合格基準点は，難易度を考慮して調整されることがあります。

二次試験内容

　準1級は，面接委員との簡単な日常会話，口頭での中文日訳と日文中訳，指定されたテーマについての口述の3つの試験を行い，全体を通しての発音・イントネーション及び語彙・文法の運用能力の総合的な判定を行います。10～15分程度。合格基準点は75点／100点

　1級は，面接委員が読む中国語長文の日本語訳と，日本語長文の中国語訳の2つの試験を行います。20～30分程度。合格基準点は各85点／100点

一般財団法人 日本中国語検定協会
〒102-8218　東京都千代田区九段北1-6-4 日新ビル
Tel：０３－５２１１－５８８１
Fax：０３－５２１１－５８８２
ホームページ：http://www.chuken.gr.jp
E-mail：info@chuken.gr.jp

試験結果データ（2015年度実施分）

L：リスニング　W：筆記

第86回	準4級	4級 L/W	3級 L/W	2級 L/W	準1級 L/W	準1級二次 口試	1級一次 L/W	1級二次 口試1/口試2
合格基準点	60	60/60	65/65	70/70	75/75	75	−	−
平均点	73.5	68.5/67.2	68.4/65.2	72.1/57.9	67.4/69.8	89.8	−	−
志願者数	1,754	2,562	3,281	1,773	583	150*	−	−
受験者数	1,575	2,204	2,854	1,585	529	138	−	−
合格者数	1,291	1,281	1,255	317	148	129	−	−
合格率	82.0%	58.1%	44.0%	20.0%	28.0%	93.5%	−	−

＊一次試験免除者を含む。

第87回	準4級	4級 L/W	3級 L/W	2級 L/W	準1級一次 L/W	準1級二次 口試	1級一次 L/W	1級二次 口試1/口試2
合格基準点	60	60(55)/60(55)	65(60)/65	70/70(65)	75/75(70)	75	85/85	85/85
平均点	63.9	53.7/63.3	55.6/59.3	62.9/54.4	65.7/58.8	87.8	67.4/66.6	87.6/87.7
志願者数	4,026	3,882	4,172	2,365	721	111	364	16*
受験者数	3,713	3,354	3,647	2,133	662	99	336	15
合格者数	2,399	1,447	1,017	403	99	95	15	12
合格率	64.6%	43.1%	27.9%	18.9%	15.0%	96.0%	4.5%	80.0%

※　合格基準点欄（　）内の数字は，難易度を考慮して当該回のみ適用された基準点です。

第88回	準4級	4級 L/W	3級 L/W	2級 L/W	準1級一次 L/W	準1級二次 口試	1級一次 L/W	1級二次 口試1/口試2
合格基準点	60	60/60	65/65	70/70	75/75	75	−	−
平均点	72.6	62.9/70.4	66.6/61.7	62.6/60.0	64.6/63.3	91.5	−	−
志願者数	1,723	3,042	3,561	1,934	602	104*	−	−
受験者数	1,473	2,516	2,962	1,699	538	97	−	−
合格者数	1,169	1,383	1,072	333	98	96	−	−
合格率	79.4%	55.0%	36.2%	19.6%	18.2%	99.0%	−	−

B 第　　　回　　4級　解答用紙

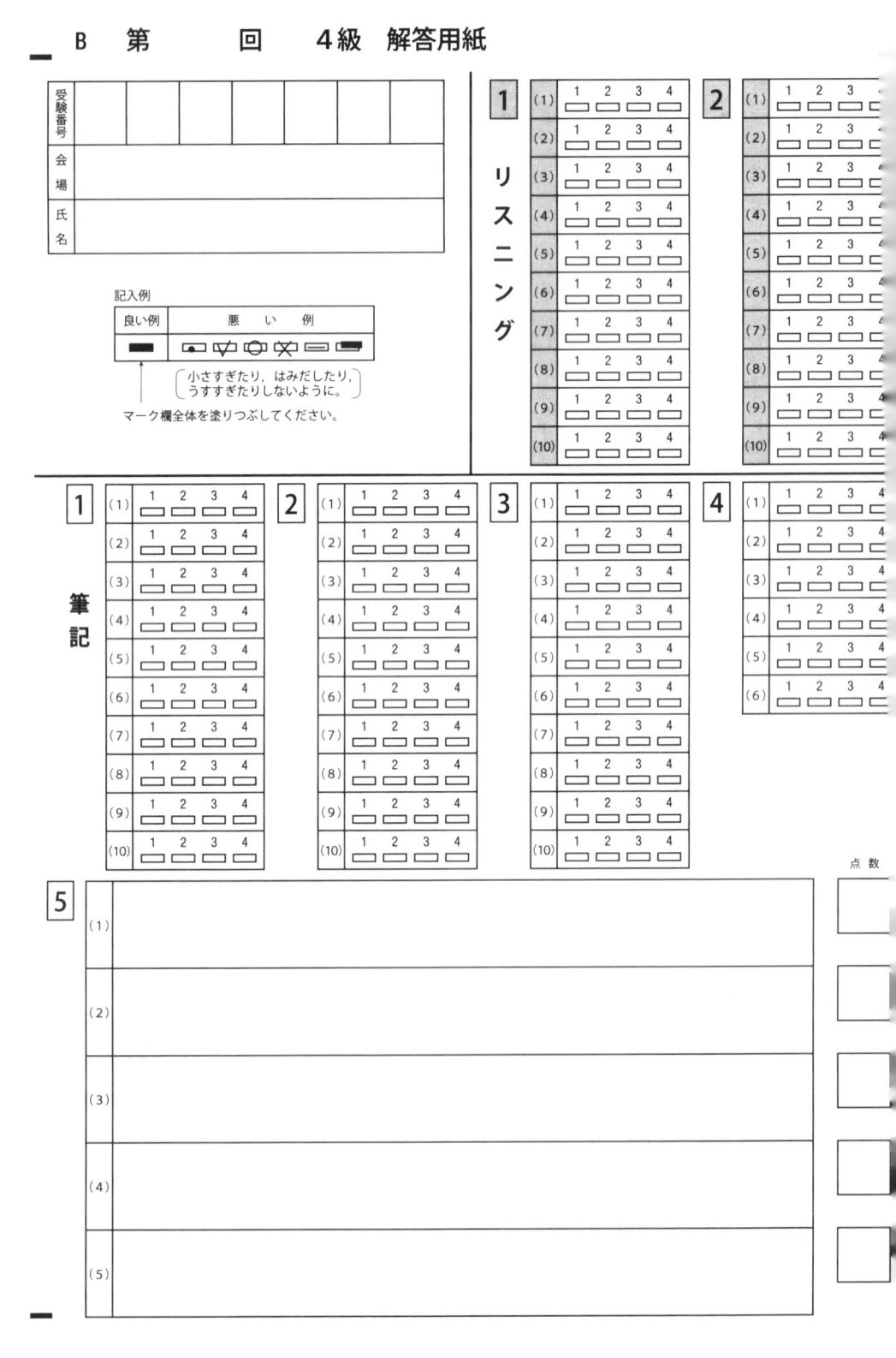